中國學術思想
研究輯刊

二七編

林慶彰 主編

第 24 冊

《抱朴子‧內篇》道教醫學之研究（中）

胡玉珍 著

花木蘭文化事業有限公司

國家圖書館出版品預行編目資料

《抱朴子‧內篇》道教醫學之研究（中）／胡玉珍 著—初版
— 新北市：花木蘭文化事業有限公司，2018〔民107〕
目 8+148 面；19×26 公分
（中國學術思想研究輯刊 二七編；第 24 冊）
ISBN 978-986-485-394-6（精裝）
1. 抱朴子 2. 研究考訂 3. 道教修鍊
030.8 　　　　　　　　　　　　　　　　107001891

ISBN-978-986-485-394-6

中國學術思想研究輯刊
二七編　第二四冊　　　　　　ISBN：978-986-485-394-6

《抱朴子‧內篇》道教醫學之研究（中）

作　　者　胡玉珍
主　　編　林慶彰
總 編 輯　杜潔祥
副總編輯　楊嘉樂
編　　輯　許郁翎、王　筑　美術編輯　陳逸婷
出　　版　花木蘭文化事業有限公司
發 行 人　高小娟
聯絡地址　235 新北市中和區中安街七二號十三樓
　　　　　電話：02-2923-1455／傳眞：02-2923-1452
網　　址　http://www.huamulan.tw 信箱 hml810518@gmail.com
印　　刷　普羅文化出版廣告事業
封面設計　劉開工作室
初　　版　2018 年 3 月
全書字數　452907 字
定　　價　二七編 25 冊（精裝）新台幣 48,000 元

《抱朴子‧內篇》道教醫學之研究(中)

胡玉珍　著

下　冊

第四章 《抱朴子・內篇》成仙的修持與境界

　　成仙代表的是一種生命觀，與醫療的關係是什麼？道教醫學和一般醫學不同，有「長生」的概念，於是發展出成仙的問題，包含終極生命的修持與終極生命的境界。因此筆者從《抱朴子・內篇》的生命醫療觀談到《抱朴子・內篇》終極生命的修持與境界，就是要說明生命修煉、生命提昇的問題，分為外丹——金丹與內養——博採眾術。道教的根本內涵是建立在宇宙論與生命觀上，肯定在人的有形生命之上，有著與之對應至高無上的終極實體，在《抱朴子・內篇》中此終極實體稱為仙人，特別重視此終極實體與人相互交感的神聖經驗，神仙與長生的問題，也是醫學的問題，因為人們面對來自死亡的威脅，所以對自我生命有較為深刻的理解，期望能藉由各種與神聖交感的神聖力量（術數）、神性物（金丹），來達到延續生命長度的渴望。葛洪認為修道之人致力於精神與形體的鍛鍊，藉由各種內疾不生與外患不入的術數，來掌握宇宙演化與鬼神變化的法則，追求達到「與道合眞」、「形神俱妙」的生命境界，那是一個圓滿的生命形態，經由宗教的信仰與修持，來達成「長生」的願望。

　　成仙代表的是形神一體、身心合一的生命觀，道教重視形神一元的生命體驗，從身體到心靈的生命修煉工夫，來啓發生命相應於宇宙的永恆性，進入到終極實體所成的境界之中，這就是道教生命終極的體驗成就。道教醫學和一般醫學不同，因為有不死的需求，所以特別強調「長生」的追求。故《抱朴子・內篇》的生命醫療特別重視信仰的神聖體驗，以及人與終極實體（仙

人）相遇或合一的生命修道工夫。可以分成修道與金丹兩部分，金丹部分屬於方術，是屬於「靈性醫學」的部分，也就是「終極醫療」，是把靈性的安頓視爲醫學的一部分，這是很前衛的醫學概念，因爲是包含了身、心、靈的全人醫學。在此已經突破西方傳統醫學的概念，所以本論文把金丹的靈性治療理論放在第五章《抱朴子·內篇》的診療觀中再詳細論述。

第一節　成仙的生命修持

宗教可以說是人類最早、歷史最悠久的精神文明，有關宗教的基本要素說法，在學術界比較受到認同的有二要素與四要素之說。所謂「二要素」之說，是分成內在要素與外在要素，內在要素是指宗教信仰的觀念、思想、情感、體驗等，是屬於較爲抽象的神聖要素。外在要素是指宗教信仰的行爲、活動、組織等，是屬於具體實踐的有形要素。四要素之說是從二要素之說的基礎上發展而成，可分爲：一、宗教的觀念或思想，二、宗教的情感或體驗，三、宗教的行爲或活動等，四、宗教的組織與制度等。〔註1〕我們要探究宗教最核心的本質是什麼呢？就是與神聖相交的宗教體驗，或者稱爲神聖體驗。

一、神聖體驗

宗教可以說是人類最早、歷史最悠久的精神文明，其根本內涵就建立在宇宙論與生命論，肯定在人的有形生命上有著與之對應、至高無上的終極實體，可以稱爲「天」、「神」、「道」等。這終極實體是用來象徵宇宙超越性的無上存有，重視此一終極實體與人相互交感的神聖體驗，也可稱爲宗教體驗，是所有宗教最爲核心的本質所在，因此神聖體驗可以說是宗教最核心的本質。宗教本質與神聖體驗是密切相關的，所謂「神聖體驗」不是單指個人的自我意識與自我感覺，最重要的是意識到宇宙存在著超自然而又控制著自然的力量。所謂神聖，是指包含了神、神聖力量、神性物等，是人從自身與宇宙的對應中體驗而出的超越存在。

中國傳統宗教就建立在這種靈實互動的精神體驗上，內在的信仰情感重於任何宗教的外在形式，是直接訴諸於人與天地鬼神之間的靈性交通與生命體驗。著重人與終極實體相遇或合一的生命修持工夫，其表現形態主要有：「靈

〔註1〕呂大吉：《宗教學通論新編》（北京：中國社會科學出版社，1998年），頁76。

顯」、「靈感」與「靈修」等現象。「靈顯」，是指終極實體自身的啟示或開顯，原本就滲透在天地萬物之間，無所不在，可以稱爲「道」。「靈感」是在「靈顯」的基礎上，肯定人與終極實體可以相互交感與實現，滿足人們參與靈顯世界的願望與實踐，在神聖性的精神體驗下圓滿自我的生命。「靈修」則是「靈感」的積極實現，重視自我生命與終極實體相互合一的修持。

中國傳統宗教可以說是「靈顯」、「靈感」與「靈修」爲核心的信仰體，人們不僅深信天地鬼神的終極存有，更堅信彼此之間有著緊密互動的對應關係，經由直覺式的生命感通，就能交接終極實體的神聖力量，能在自力修持下得道成仙。所以宗教最核心的本質是指人們體驗到超越性的神聖體，例如葛洪所重視的金丹，金丹就是超越性的神聖體「道」的化身，所以服食金丹就可以直接合道成仙，是葛洪神仙道教中醫療的最高步驟，它是從靈性治療上著手，建立在這種靈實互動的精神體驗上，內在的信仰情感是重於任何的外在形式，是直接訴諸人與天地鬼神之間的「靈性交通」與「生命體驗」。

儘管神聖體的名稱與內容極爲多樣，並沒有阻礙人們經由對神聖體感受而來的精神性滿足，學者卓新平認爲：

> 這些神聖體形成人們直接發自內心的體驗性情感，發展出各種神聖追求的宗教體系，建構出各個宗教自己獨特的精神意境、價格觀念與審美情緒，是不同於哲學、文學與藝術等精神文化，是有其自成系統的共性與本質。〔註2〕

所以這種神聖性的宗教體驗與情感，帶動了人們堅強的信念與實踐的動力，向內凝聚成龐大的宗教觀念體系，向外擴充成具形的宗教行爲模式，形成社會群體秩序與倫理生活的運作規範，發展出各式各樣的宗教形態。傳統宗教「靈感思維」的作用在追求「通」，中國傳統宗教帶有濃厚的原始性格，繼承了遠古時期留下來的靈感思維、巫醫同源共軌的現象、巫醫共構的宇宙圖式等，構成民族心理與文化根柢的深層結構。

各種傳統宗教的神聖體驗如金液還丹等，都是直觀性情感交織與昇華而成的行動活動，是直接來自於修道人自我意願下的身心領悟與修持，並且以持續性的行爲實踐來完成人與神聖交感的信仰目標與價值實現。所以傳統宗教的神聖體驗，是一種訴諸於直覺的超驗體會與精神體現，是屬於人類精神性的文化，所以不能用科學的方式加以檢驗，是以如此的觀念系統與信仰行

〔註2〕卓新平：《宗教理解》（北京：社會科學文獻出版社，1999年），頁39。

為，來認識與實踐人自身的生命存有。故《抱朴子‧內篇》的終極生命的修持與境界特別重視信仰的神聖體驗，以及人與終極實體（仙人）相遇或合一的生命修道工夫。任何宗教與人的生命體驗都是密切相關的，神的宗教與人的生命是一體相貫而成的，在彼此交接的特殊體驗下，葛洪藉由各種內疾不生與外患不入的術數，以博採眾術的方式來成就生命自身的終極境界。

二、修道

道教是以抽象化的「道」來作為超自然存在的最高象徵，肯定宇宙萬物之間有著共通的原理或法則，此原型貫通於天地萬物之中，也表現在人性上，天地萬物可以成為宇宙創生的本源，所以人性的自我圓滿也可以成為天地生化的動力，宇宙的最高實體不再是獨一無二的，在作用上是能生生不息與變化不絕的。所以「道」是先於宇宙創生的精神體，也可以稱為「靈顯」，是指終極實體自身的啟示或開顯，原本就滲透在天地萬物之間，無所不在。

儀式是屬於宗教的行動層次，是用來實現人與終極實體相互交感的目的，說明人不僅可以意識到靈體的存在，還能與此超自然力量打交道，經由象徵的行為來引進終極實體對人體生命的關懷。儀式將促進人與靈體的關係更加緊密，可以分為「人的聖化」（神通）與「神的俗化」（通神）二個層次來作說明。[註3] 傳統宗教「靈感思維」的表現形態有二種，分別為「靈感」與「修道」，是兩種重要的宗教神聖體驗，這兩種神聖體驗可以轉化為「通神」與「神通」二種概念。人類歷史進入信史的文化社會後，系統化的宗教較重視「人的聖化」這一個層次，期待在神明的啟示下，能更加地淨化自我的生命。儀式是指人經由行為操作的手段來達到與靈體交接的目的，可以經由降神、占卜、祭祀與修道等方式，使人可以交感或是契入終極實體的神聖領域之中。「修道」轉化為「神通」，著重「人」的神聖能力，這是經由修道而來的主體精神體驗，所以神通不只是用來標榜外顯的神力，而是展現出「人」與「天地鬼神」合為一體的主體性與實現性，並且深信人的生命與宇宙形上的終極實體生命（仙人）在本質上是混滲合一的，經由自力實踐說的先天修煉理論與後天的積學之功，也能實現生命的「終極價值」。

〔註 3〕朱存明：《靈感思維與原始文化》（上海：學林出版社，1995 年），頁 150。

　　靈修又可稱爲修道、修行等，是後代系統化宗教主要的通靈之術，認爲人可以不必經由靈人或是靈物，就可以直接與靈體相互感應與交通，進而領悟到人的靈性與終極實體的靈性是可以合而爲一的，人本身是具有靈明本性的主體自覺者，所以可以直接通向於終極實體的境界，來圓滿自我的生命。後代系統化宗教強調人可以在各種自我修持的方法與過程中，來與靈體直接遭遇、相會與合一，因而人可以領悟至善存有的終極實體，來圓滿人的生命形態。這種生命修行方法是屬於具體的宗教行爲，一般是宗教教義發展到系統化與理論化高度的必然行爲表現，使修道者能夠在思想上與行爲上規範地遵守教義與教規，堅信在教法的引領下，自己的精神可以達到終極實體的超驗境界，或者昇華到最高的神學境界。〔註4〕這種人與靈體合一的生命修持，是生命主體內在價值與終極價值的實現，所有不單是仰賴靈體的靈驗性，更是要靠修道之人對自我生命的身心修持，致力於精神形體的鍛鍊，才能將自我的靈性提昇到與終極實體相通的終極造化境界。

　　道教的神仙之學源起於上古時期原始宗教的巫術，等到戰國燕齊方術之學興起，追求神仙不死的風氣方興未艾，引起了帝王如戰國的齊威王、宣王、燕昭王及秦始皇和漢武帝等及人民的嚮往。東漢張陵創立道教，盛行於巴蜀，因教義粗糙與虛妄迷信，經過魏晉的發展，葛洪吸收了儒家的倫理綱常、道家的神仙養生之學、王充的自然命定說及魏晉的玄學思想，以建構更具有哲學理論的道教神仙思想，在《抱朴子‧內篇》爲神仙之學奠定了形上理論的基礎，他將方士的方術提升，成爲一種寓道於術、具有理論體系的學問；又將老莊哲學中集於精神層次的玄虛之談，落實成爲具體可行的修養方法，並且親身實踐，深化了道教神仙之學的內容，這在中國養生學史上是一種進步。

　　在神仙道教中葛洪強調人有自身的超越能力，因此提倡自力實踐的修仙理論，屬於先天的生命修煉理論，他從星命說與善用明哲來著手，屬於後天生命修煉的積學之功，他從立志、明師、口訣來著手，讓有心修仙之人，可以藉由這些度世救人「寓道於術」的生命修持實踐工夫，與道相合，進入長生成仙的超越界，亦即道教的神仙世界。此整個修道成仙的過程，代表中國古代樸素的「機體論」，因此是以「體驗、感應」爲主，而非以西方準確而精密的「現代機械論」爲主，此信仰成爲葛洪金丹道的核心。所以傳統宗教的

─────────────

〔註4〕陳麟書：《宗教學原理》（四川成都：四川人民出版社，1986年），頁241。

神聖體驗，是一種訴諸於直覺的超驗體會與精神體現，是屬於人類精神性的文化，不能用科學的方式加以檢驗，神仙道教是以如此的觀念系統與信仰行為，來認識與實踐人自身的生命存有。《抱朴子‧內篇》中終極實體——神仙的目標是「度世救人」、「長生成仙」及「合道通神」，這三者是密不可分、三位一體的。同時養生、醫療、修道成仙，與生命、醫學、宗教也都是三位一體、密不可分的。

第二節　自力修持

修行是各個宗教相當重視的生命行為表現，形成一套龐大的修行體制，指導信眾進行身體的訓練與精神的修習，在身形的修煉與心神的證悟，達到知行合一與即身入神的生命境界，將個人有限的生命，提昇到與終極實體同在的神聖場域。這是宗教信仰的主要動力，在與終極實體的體驗下，能更新自己的生命與改善自己的生活，從精神的體驗中來實現自我美善的生命意義與價值。道教修行認為人與宇宙是同質性的存在，可藉由「修氣」與「修道」的工夫，使天與人二者可以「通而為一」。意識人身是天地氣息聚合與發用所在，於是將心神與身形緊密結合，直接將人的生命提昇到宇宙氣流之中，人身可直接與天地之氣貫通，這種貫通是透過身心形神的修持，破除有限的肉體形式，直接從精神上達到超越的境界。

葛洪的仙道思想是屬於自力救濟的度世思想，就是除了先天上要稟值仙宿、志誠信仙，能善用明哲、對自然窮理盡性，以追求生道合一。葛洪基於金丹道派神仙道教的立場，相信自力的修煉，因而反對當時流俗道士借助他力的「祭禱」，認為是無益於養生的。

一、自力的度世思想

葛洪的仙道思想是屬於自力救濟的度世思想，就是除了先天上要稟值仙宿、志誠信仙，能善用明哲、對自然窮理盡性，以追求生道合一。還需要後天積學之功的不斷努力精進，才能達到長生成仙的超越世界，這就是「度世」，意即「超越這個世界」，同於「出世」，濟度世間之人，度世之人就是真人、仙人。魏晉時期受到外來佛教大乘思想的影響，內有早期道教時期的度世之說，於是形成自救救人、自度度人的思想。

（一）度世思想的來源

生與死是最重要的生命現象，對於人類來說，二者是實際的存在，並且不斷讓人產生悲哀和焦慮的痛苦，生與死的嚴重對立和斷裂，是客觀存在的事實，在人的生、老、病、死的生命歷程中，產生質的變化的是「死亡」，它給人的刺激也最深，為了解決人的這個困境，哲學與宗教都對此問題進行探討。故度世思想來自對死亡的看法，是古人對於生死表現的特別關懷，屬於人類特有的本能之一，是哲人或是宗教所要解決的終極問題所在，如此才能有一套安頓身心的方式。中國古代的傳統鬼神信仰，認為人死為鬼，所以由生到死，不過是從一個世界回到另一個世界的轉換，人和鬼兩個世界之間，還能以某種方式相互交通，所以在古代的宗教思想中，現實的生活和死後的生活是不間斷的，生和死不存在尖銳的對立和斷裂，而是彼此間具有一種連續性質。

隨著先秦理性精神的崛起，是以淨化天的宗教神學色彩為其特徵，突出人的主題，故生死問題也從理性的精神加以審視。從儒家來說，他們對於死亡的看法是「不樂速死」，有「未知生焉知死」的古訓，可是又無法解決人面對老病死的自然現象以及危機感，於是提出以「立德、立功、立言」三不朽的方式來揚名立萬，這是一種理想主義的生死觀。從道家來說，莊子對於死亡的看法是「齊生死」，他認為生死不過是氣的聚散，以死生為自然的變化，這是直探「道」的本體，藉由修養境界的提升來解決生死的問題，以一種達觀的態度來面對生死，以保持心理上的平衡。

漢晉之際由於疫疾肆虐、戰亂頻繁，使人有生命苦短、去日無多的生命悲情及深沉內心的孤寂感，進而對生死存亡特別重視。學者李澤厚認為：

> 這個時代的主旋律是對生命無常，人生短暫的感嘆、哀傷。在當時
> 社會心理和意識形態上具有重要的位置，是他們的世界觀人生觀的
> 一個核心部分。表面上看來似乎是如此頹廢、悲觀、消極的感嘆中，
> 深藏著的恰恰是它反面，是對人生、生命、命運、生活的強烈的欲
> 求和留戀。而它們正是在對……從經術到宿命、從鬼神迷信到道德
> 節操的懷疑和否定基礎上產生出來的。〔註5〕

從以上所述可以知道，魏晉時期由於政治黑暗、疫病流行，人們對於生和死處於前所未有的對立和緊張狀態。視死亡為虛無的態度，未能得到生死的真

〔註5〕李澤厚：《美的歷程‧魏晉風度》（北京：文物出版社，1981年）。

正解脫，除了對死亡的恐懼和憎惡之外，剩下的便是對人生苦短、生命無常的長吁短歎。〔註6〕因此將人類心靈深處的死亡本能，借用文學詩歌的形式表現出來，從樂府民歌到文人詩歌，都充滿生命苦短、去日無多的生命悲情及深沉內心的孤寂感，進一步則有對生命可貴，當珍重愛惜的看法。

魏晉時人感慨人生苦短、生命無常，最常用的有二個比喻，一是朝露，二是金石。用朝露來喻生命的轉瞬即逝、往焉難追，用金石來抒發人之壽命難如金石之固的悲哀，表現了一種希望和冀求，因此服食風氣便是以這種人生欲求的強烈衝動為基礎形成的。魏晉之人風行服食「五石散」〔註7〕，在當時人的信念中，金石是堅固的，人若同金石一樣，就能長壽。對於金石穩定性質的崇拜，使人們幻想把它們的性質轉移到人體之中。這種普遍的服食風氣，與神仙信仰、養生思想密切相關。

葛洪對死亡的看法，是強調如何借助各種方法技術來超越死亡的大限，因此基於「自力度世」如自救自度，反對一切「他力度世」的方法，熱烈提倡各種自我的救濟之道，這其實是對死亡生命觀的一種深化；它的論死中心思想是：死亡獨霸一切，所以提出一套「寓道於術」的自我修煉、不死成仙的實踐哲學，是為了肯定現實世界的美好。

（二）反他力的度世思想

道教在魏晉時期能取得一種新的歷史發展，主要取決於當時的社會文化環境，魏晉時期流行玄學清談之風，針對人生的意義、生死的問題進行探究，進而有逍遙、養生、縱欲等各種理論的提出，其實踐的形態表現為服食、飲酒、隱居、遊仙等各種生活行徑。此種風氣促使到教徒與神仙家進一步合流，成為神仙道教，產生了葛洪這樣的道教人物，建立了「成仙不死」的道教神仙理論的體系，從而道教基本教義完成了從「致太平、救世」到「求長生、度世」的歷史轉折。〔註8〕

葛洪的仙道思想是屬於自力救濟的度世思想，基於金丹的立場，相信自力的修煉，因而反對當時流俗道士借助他力的「祭禱」，認為是無益於養生的。魏晉時期天師道保留一些舊天師道的宗教形式，並且在道教史上產生深遠的

〔註6〕王瑤：《中古文學史論集‧文人與藥》（上海：古籍出版社，1982年）。
〔註7〕五石散又名「寒食散」，主要成份是五種礦物藥，分別為白石英、紫石英、石鐘乳、赤石脂和石硫磺。
〔註8〕金正耀：《道教與科學》（北京：中國社會科學出版社，1990年），頁75～90。

影響。舊天師道以爲人民「消災治病」的手段來宣傳教義,其宗教思想認爲一切的疾病災害,皆是由於鬼神作祟,並且把疾病的出現和人的善惡行爲緊密聯繫,必須透過「上章悔過」、「符水治病」等他力的方式來度世。筆者將《抱朴子‧內篇》中與「他力度世」有關的資料,整理成表4-1。

表4-1:「他力度世」

序　號	內　　　　　容	篇　名
1	俗人猶謂不然也,寧煞生請福,分蓍問祟,不肯信良醫之攻病,反用巫史之紛若,況乎告之以金丹可以度世,芝英可以延年哉?	至理
2	彼修道如此之勤,而不得度世,是天下果無不死之法也;而不知彼之求仙,猶臨河羨魚,而無網罟,非河中之無魚也。又五千文雖出老子,然皆泛論較略耳。其中了不肯首尾全舉其事,有可承按者也。但暗誦此經,而不得要道,直爲徒勞耳,又況不及者乎?	釋滯
3	後有一人姓李名寬,到吳而蜀語,能祝水治病頗愈,於是遠近翕然,謂寬爲李阿,因共呼之爲李八百,而實非也。……依寬爲弟子者恆近千人,而升堂入室高業先進者,不過得祝水及三部符導引日月行炁而已,了無治身之要、服食神藥、延年駐命、不死之法也。……夫神仙之法,所以與俗人不同者,正以不老不死爲貴耳。今寬老則老矣,死則死矣,此其不得道,居然可知矣,又何疑乎?……余所以委曲論之者,寬弟子轉相教授,布滿江表,動有千許,不覺寬法之薄,不足遵承而守之,冀得度世,故欲令人覺此而悟其滯迷耳。	道意
4	昔秦漢二代,大興祈禱,所祭太乙五神,陳寶八神之屬,動用牛羊穀帛,錢費億萬,了無所益。況於匹夫,德之不備,體之不養,而欲以三牲酒餚,祝願鬼神,以索延年,惑亦甚矣。或頗有好事者,誠欲爲道,而不能勤求明師,合作異藥,而但晝夜誦講不要之書,數千百卷,詣老無益,便謂天下果無仙法。或舉門扣頭,以向空坐,烹宰犧牲,燒香請福,而病者不愈,死喪相襲,破產竭財,一無奇異,終不悔悟,自謂未篤。若以此之勤,求知方之師,以此之費,給買藥之直者,亦必得神仙長生度世也。	勤求

從序號1中的「寧煞生請福,分蓍問祟,不肯信良醫之攻病」葛洪反對生病不信良醫的救治而去相信向他力的鬼神請福與問祟,序號2中的「又五千文雖出老子,然皆泛論較略耳。其中了不肯首尾全舉其事,有可承按者也。但暗誦此經,而不得要道,直爲徒勞耳。」我們可以知道葛洪認爲只是誦讀

老子五千文，是對於成仙是徒勞無功的。從序號 3 的「李寬，到吳而蜀語，能祝水治病頗愈，於是遠近翕然，謂寬爲李阿，因共呼之爲李八百，而實非也。……依寬爲弟子者恆近千人，而升堂入室高業先進者，不過得祝水及三部符導引日月行氣而已，了無治身之要、服食神藥、延年駐命、不死之法也。」、序號 4 的「秦漢二代，大興祈禱，所祭太乙五神，陳寶八神之屬，……了無所益。況於匹夫，德之不備，體之不養，而欲以三牲酒餚，祝願鬼神，以索延年，惑亦甚矣。……但晝夜誦講不要之書，數千百卷，詣老無益，便謂天下果無仙法。或舉門扣頭，以向空坐，烹宰犧牲，燒香請福，」中我們可以知道葛洪分別從理論與實際的舉例來批評他力度世的方式：如祭禱、祝水治病、晝夜誦講不要之書、烹宰犧牲，燒香請福等都是無益於長生度世的，他認爲大興祈禱，所祭太乙五神，陳寶八神之屬，是了無所益的，反對用三牲酒餚，祝願鬼神的方式來索討延年。

　　葛洪還嚴厲批評了那些「不能修療病之術」的種種他力度世的妖道和巫卜之人，他認爲：

> 俗所謂道，率皆妖僞，轉相詿惑，久而彌甚，既不能修療病之術，又不能返其大迷，不務藥石之救，惟專祝祭之謬，祈禱無已，問卜不倦，巫祝小人，妄說禍祟，疾病危急。〔註9〕

從上述說明可知，他對民間的符水妖道的抨擊就是他們「進不以延年益壽爲務，退不以消災治病爲業」，不修修療病之術，不務藥石之救，不能返其大迷，只執著於祝祭、祈禱、問卜等，根本本末倒置，才會被斥爲妖道。這是葛洪做爲精通醫藥的道士，反對妖道和巫卜之人坑害人民的正義之聲。接著葛洪又從實際的歷史中舉例爲證，他說：

> 曩者有張角柳根王歆李申之徒，或稱千歲，假託小術，坐在立亡，變形易貌，詿眩黎庶，糾合群愚，進不以延年益壽爲務，退不以消災治病爲業，遂以招集奸黨，稱合逆亂，不純自伏其辜，或至殘滅良人，或欺誘百姓，以規財利……又諸妖道百餘種，皆煞生血食，獨有李家道無爲爲小差。然雖不屠宰，每供福食，無有限劑，市買所具，務於豐泰，精鮮之物，不得不買，或數十人廚，費亦多矣，復未純爲清省也，亦皆宜在禁絕之列。〔註10〕

〔註9〕《抱朴子‧內篇‧道意》，卷9，頁173。
〔註10〕《抱朴子‧內篇‧道意》，卷9，頁173。

在葛洪的神仙道教中，他反對「進不以延年益壽爲務，退不以消災治病爲業」的道派，他在這波正統化的潮流中，批評血食、祭禱的諸雜散道派，主張對民間道教諸派別的社會政治活動，應當消滅和禁絕。甚至連李家道「復未純爲清省」，也在禁絕之列，這是因爲他是主張自力度世修爲的道派。

神仙道教的興起，對於當時道教的發展來說，有一正面的教育意義，就是對於巫俗的清整，將重血食、祭祀的民間道派，批評爲異端，金丹派以純粹化、精緻化自居，並以正統自我期許。同時認爲若道士不懂得醫藥，專務方術，就是平庸道士了，更談不上「長生」，這對推動道教與醫學關係的發展意義深遠。在金丹道派的立場，葛洪與當時新興的革新道派，一齊批判祝禱，批判以巫祝爲主的民間道派，這在魏晉時期除了是道派彼此間的競爭之外，在當時是具有進步意義的思想與舉動。

（三）重自力的度世思想

因爲長壽與長生的問題，同時也是醫學的問題，所以道教發展成仙的模式，是從生命醫療觀的發展而來。長生成仙是道教的主要目標，所以道教的生命觀，就是「不死成仙」的「醫療養生」觀。「不死成仙」是其超越性的宗教理想，也是靈性生命的終極境界；「醫療養生」就是現實性的操作實踐工夫，包括病因觀、診療法以及養生法。這些操作實踐工夫，都是重視人們主動追求靈我合一的生命修持，而非被動地接受終極實體的感召，形成重自力的度世思想，認爲人生命的體驗與修持，從修身到修心，是一體而成的，主動將人性提升到與靈體同在的神聖場域，重視自身生命力與潛意識的自我體驗，在各種長生成仙模式中，讓超越的力量能存留在人的身體與心靈中，達到與道合一的生命境界。

中國的度世思想，與神仙思想關係密切，《楚辭‧遠遊》有「欲度世以忘歸」，說得是自己度世爲僊，而先秦兩漢的封禪，或與仙眞有關的詩賦，屬於他力的祭禱，並以此爲度世之方。兩漢社會流行度世之人爲眞人、仙人或度世不死等觀念，類此度脫世人的說法，是屬於兩漢社會的通說。《太平經》中已有度世思想，成爲早期道教成仙的專門術語。《太平經》中獲得眞道、修行成仙的方法，稱爲「度世之術」，包括各種修行的方法及奉守的道義，對約束奉道者的行爲，及自身的修道，都已具有初步的規模，是屬於自力傾向。葛洪上承此度世之說，強調自救救人的救濟思想，認爲「度世之方」是非常珍貴的，在《抱朴子‧內篇‧釋滯》中說：

> 世之謂一言之善，貴於千金然，蓋亦軍國之得失，行己之臧否耳。
> 至於告人以長生之訣，授之以不死之方，非特若彼常人之善言也，
> 則奚徒千金而已乎？設使有因病垂死，而有能救之得愈者，莫不謂
> 之爲宏恩重施矣。今若按仙經，飛九丹，水金玉，則天下皆可令不
> 死，其惠非但活一人之功也。黃老之德，固無量矣，而莫之剋識，
> 謂爲妄誕之言，可嘆者也。〔註11〕

按照仙經所說「飛九丹」、「水金玉」這些上藥都能令天下人可以不死，它的
恩惠很大，不是只活一人之功勞而已，但是不信仙者，把它視爲荒謬之言，
非常可惜。自救救人的長生之方，是道教的宏恩重施，但是只能普度有緣的
信仙者，「普度有緣」的宗教信念，成爲後來道教的基本精神。眞人、仙人常
在修煉成功之後，又會重新進入世間度化有道緣者，因而形成「度脫有緣、
共證仙果」的道教救濟的思想。

　　筆者將《抱朴子‧內篇》中與「自力度世」有關的資料，整理成表4−2。

表4−2：「自力度世」

序　號	內　　　　　容	篇　　名
1	余今略鈔金丹之都較，以示後之同志好之者。其勤求之，求之不可守淺近之方，而謂之足以度世也。	金丹
2	按孔安國秘記云，良得黃石公不死之法，不但兵法而已。又云，良本師四皓，用裏先生綺裏季之徒，皆仙人也，良悉從受其神方，雖爲呂后所強飲食，尋復修行仙道，密自度世，但世人不知，故云其死耳。	至理
3	凡養生者，欲令多聞而體要，博見而善擇，偏修一事，不足必賴也。又患好事之徒，各仗其所長，知玄素之術者，則曰唯房中之術，可以度世矣；明吐納之道者，則曰唯行氣可以延年矣；知屈伸之法者，則曰唯導引可以難老矣；知草木之方者，則曰唯藥餌可以無窮矣；學道之不成就，由乎偏枯之若此也。	微旨
4	子以天不能使孔孟有度世之祚，益知所稟之有自然，非天地所剖分也。	塞難
5	果其仙道可求得者，五經何以不載，周孔何以不言，聖人何以不度世，上智何以不長存？	釋滯
6	按神仙經，皆云黃帝及老子奉事太乙元君以受要訣，況乎不逮彼二君者，安有自得仙度世者乎？未之聞也。	極言

〔註11〕《抱朴子‧內篇‧釋滯》，卷8，頁149。

序　號	內　　　　　　容	篇　　名
7	夫人生先受精神於天地，後稟氣血於父母，然不得明師，告之以度世之道，則無由免死，鑿石有餘焰，年命已凋頹矣。	勤求
8	夫讀五經，猶宜不恥下問，以進德修業，日有緝熙。至於射禦之粗伎，書數之淺功，農桑之露事，規矩之小術，尚須師授以盡其理，況營長生之法，欲以延年度世，斯與救恤死事無異也。	勤求
9	仙之可學致，如黍稷之可播種得，甚炳然耳。然未有不耕而獲嘉禾，未有不勤而獲長生度世也。	勤求
10	求仙道入名山者，以六癸之日六癸之時，一名天公日，必得度世也。	登涉
11	人行有此蟲之地，每還所住，輒當以火炙燎令遍身，則此蟲墮地也。若帶八物麝香丸、及度世丸、及護命丸、及玉壺丸、犀角丸、及七星丸、及薺苨，皆辟沙虱短狐也。	登涉
12	余晚充鄭君門人，請見方書，告余曰：要道不過尺素，上足以度世，不用多也。然博涉之後，遠勝於不見矣。既悟人意，又可得淺近之術，以防初學未成者諸患也。	遐覽

　　從序號 1「余今略鈔金丹之都較，……其勤求之，……而謂之足以度世也。」中我們可以知道葛洪的自力度世之法，是以金丹為首要。序號 2 張良「得黃石公不死之法，不但兵法而已，……良悉從受其神方，雖為呂后所強飲食，尋復修行仙道，密自度世」，由此可知度世要靠自力去努力實踐修行的，可與序號 6「按神仙經，皆云黃帝及老子奉事太乙元君以受要訣，況乎不逮彼二君者，安有自得仙度世者乎？未之聞也。」搭配來參看。序號 4、5 說明聖人如孔孟為什麼不能有度世之祚，因為他們未值仙宿，星命是決定宿命中是否有求仙的福分。序號 7、8 說明自力度世之法中「明師」的重要，讀五經，猶且不恥下問，「況營長生之法，欲以延年度世，斯與救恤死事無異也。」序號 9 說明神仙是可以學致的，如黍稷之可播種而得，但是必須要配合後天的勤學，才能有所成就，「然未有不耕而獲嘉禾，未有不勤而獲長生度世也。」序號 3、12 可以相互搭配來看，說明葛洪對自力度世的方法是採取「博參主義」的，「凡養生者，欲令多聞而體要，博見而善擇，偏修一事，不足必賴也。……學道之不成就，由乎偏枯之若此也。」及「要道不過尺素，上足以度世，不用多也。然博涉之後，遠勝於不見矣。既悟人意，又可得淺近之術，以防初學未成者諸患也。」

　　從以上所述我們可以知道葛洪的度世思想是基於自力主義的，反對一切他力的方法。他認為人生命的體驗與修持，從修身到修心，是一體而成的，

主動將人性提昇到與靈體同在的神聖場域，重視自身生命力與潛意識的自我體驗，在各種長生成仙模式中，讓超越的力量能存留在人的身體與心靈中，達到與道合一的生命境界。基於金丹派神仙道教的立場，他的基本論點是源於先天的星命及人是萬物之靈，能夠善用明哲、窮理盡性，來追求合道通神，這是積極有爲的修煉，就是掌握命與道。在後天方面，他認爲要勤求明師、傳授口訣，才是正途；站在金丹道派的立場，認爲實際燒煉金丹大藥，才是正法，正是所謂的「要道不過尺素，上足以度世，不用多也」。同時對於自力度世的方法是採取「博參主義」的，認爲道法都有益於成仙，要多聞而體要，博見而善擇，以防初學未成者諸患也，但是需要循序漸進，始能奏功。如《抱朴子‧內篇‧微旨》所說：

> 凡學道當階淺以涉深，由易以及難，志誠堅果，無所不濟，疑則無功，非一事也。夫根荄不洞地，而求柯條乾云，淵源不泓窈，而求湯流萬里者，未之有也。是故非積善陰德，不足以感神明；非誠心款契，不足以結師友；非功勞不足以論大試；又未遇明師而求要道，未可得也。九丹金液，最是仙主。然事大費重，不可卒辦也。寶精愛焉，最其急也，並將服小藥以延年命，學近術以辟邪惡，乃可漸階精微矣。〔註12〕

從以上所述我們可以知道立志與明師是進入仙道之門修煉的必要途徑，積善與陰德正是學道的要件，前者需要自力勤求，才能入門得道；後者則爲道教的宗教倫理，對於神仙的修煉成功，葛洪是深具信心的，這種堅決的信念，只有勤求道業者才能體會在心，並且持之以恆，毫無懈怠；否則常人在修煉時無堅強的毅力，這是自力修煉之難，及修仙道成之難所在。

二、宿命說

有關養生問題是魏晉玄學論辯的名理主題之一，針對神仙是否存在的問題，這是神仙學說的大前題，嵇康的養生論就是以此爲首所展開的，成爲東晉渡江之後的三大名理之一。神仙是否可學可致？是一個極富理趣的道教論題，而此問題最能展現葛洪「精辯玄賾，析理入微」的無礙辯才，成爲他養生論的論辯中特色之所在。

〔註12〕《抱朴子‧內篇‧微旨》，卷6，頁123～124。

（一）玄學家論點

「竹林七賢」之一的嵇康，針對養生論的問題，他認為人由元氣所組成，於〈明膽論〉中說明「明」與「膽」之關係，提出：

> 夫元氣陶鑠，眾生稟焉。賦受有多少，故才性有昏明。唯至人特鍾純美，兼周內外，無不畢備。降此以往，蓋闕如也。或明於見物，或勇於決斷，人性貪廉，各有所止。〔註13〕

嵇康說明除了「至人」能陰陽二氣存一體，其餘諸人皆有所欠缺，這便突出了「至人」的稟賦不同，然而眾人因賦受有所偏，所以表現出不同的性情。嵇康在〈養生論〉中提到神仙是：

> 世或有謂神仙可以學得，不死可以力致者。或云上壽百二十，古今所同，過此以往，莫非妖妄者，此皆兩失其情。請試粗論之，夫神仙雖不目見，然記籍所載，前史所傳，較而論之其有必矣，似特受異氣，稟之自然，非積學所能致也。〔註14〕

上述第一種論點接近神仙家之說：相信神仙不死，可以經由後天的積學而獲致；第二種論點代表的是傳統的理性主義者，從現實的經驗出發，因此不相信有神仙不死的事實。嵇康雙遣其說，基本上是相信神仙存在的，只是嵇康認為神仙所稟元氣是異於常人的，故只有某些「特受異氣，稟之自然」的人，通過修煉才能成仙。他從先天的條件上立說，在此嵇康肯定了神仙的存在，也從氣化論角度說明神仙稟受特殊之氣，所以只有積學尚不能致。又進一步提出：

> 至於導養得理，以盡性命，上獲千餘歲，下可數百年，可有之耳。而世皆不精，故莫能得之。〔註15〕

這裡說明了為何大多數人通過積學卻仍難修煉成仙的原因，因為他們沒有特殊的稟賦，但只要導養得理，常人也能長壽。嵇康從後天的修養養生長壽之法入手，說明神仙不可學但養生可學，可見得嵇康思想中的神仙「非積學所能致」，是受氣命論的影響，但站在養生的角度上，他肯定一些後天積極的修煉方法。嵇康的論辯一向具有超越的特質，他論理的方法是具有校練眾理的特性，所以養生論也首先從神仙是否存在的這一問題入手，反覆申述，故為

〔註13〕（清）嚴可均輯：《全上古三代秦漢三國六朝文)）（北京：中華書局），1958年，頁 1335～1336。

〔註14〕（清）嚴可均輯：《全上古三代秦漢三國六朝文)）（北京：中華書局），1958年，頁 1324～1325。

〔註15〕（清）嚴可均輯：《全上古三代秦漢三國六朝文》，頁 1324～1325。

當時的名理。

向秀在〈難養生論〉中也提出類似看法，他認為：

> 縱時有耆壽老，此自特受一氣，猶木之有松柏，非導養所致。若性
> 命以巧拙為長短，則聖人窮理盡性，宜享遐期。而堯、舜、禹、湯、
> 文、武、周、孔，上獲百年，下者七十，豈復疏於導養邪？顧天命
> 有限，非物所加耳。〔註16〕

長壽者生來就稟有特殊之氣，如同群樹中有松柏長青一樣，並不是導氣養性
所能實現的，他歸納為是天命所致。郭象在註《莊子》時，論聖人亦從氣稟
賦受的角色來說，並重性分之自然自得；接著進一步說明，神人是特稟自然
之妙氣而成，其云：「俱食五穀而獨為神人，明神人者非五穀所為而特稟自然
之妙氣。」〔註17〕「神人」即「聖人」，其所以為神人的條件不在五穀，而於
先天所稟自然妙氣。因此聖人既是先天命定，自然不得學習而成。

（二）葛洪論點

葛洪借鑑上述玄學家的這許多神仙觀念，站在道教修煉成仙的立場，不
僅止於養生之法，而且積極肯定神仙可學，他將成仙歸於宿命說，此來自漢
代的星宿信仰，加上信道，此立說較嵇康的「氣稟說」更進一步，接著又提
出「善用明哲」之說，來修正特殊稟賦之說，為後來的神仙道教建構了完整
的完整的成仙之理論與操作實踐之工夫。

葛洪在《抱朴子‧內篇》中反覆地探討神仙是否存在的問題，其中以《抱
朴子‧內篇‧論仙》中的說法最為詳盡，他以神仙道教的行家出來辯論，將
嵇康的問題深化。學者李豐楙認為：

> 《抱朴子‧內篇》確是有意採論辯的形式，深入建立神仙學的理論，
> 他採用先破後立的方法，先破眾論，將不信神仙的說法主動提出，
> 自設論難，然後一一解說。又以素樸的科學觀察及神秘的巫術性思
> 考原則，建立己說，這就是懷疑眾說以存疑，博徵載籍以定論的論
> 辯過程。葛洪確實有析理入微的精辯能力，為魏晉時期辯論的典型
> 論法，也是中國養生史上最具規模的論難，奠立後來神仙學的理論
> 基礎。〔註18〕

〔註16〕（清）嚴可均輯：《全上古三代秦漢三國六朝文》），頁765。
〔註17〕郭慶藩：《莊子集釋》，頁29。
〔註18〕李豐楙：《不死的探求——抱朴子》，頁165～166。

長生成仙是《抱朴子‧內篇》的中心思想，神仙又必須由學而致，所以如何成仙就成爲葛洪論述的主題了。他在《抱朴子‧內篇》中把對神仙的信仰和誠心立志學道，當作是長生成仙的前題。

葛洪認爲「志誠信仙」，是修長生之道的首要條件。他在《抱朴子‧內篇》中說：

> 凡學道當階淺以涉深，由易以及難，志誠堅果，無所不濟，疑則無功，非一事也。〔註19〕

> 夫求長生，修至道，訣在於志，不在於富貴也。〔註20〕

他認爲對神仙之事抱持懷疑態度的人，以及不誠心立志學仙修道的人，是不可能修煉成爲神仙的，所以首先就把不信仙道的人，排除在神仙的大門之外。接著進一步認爲能誠心立志學道的信徒，都是稟值仙宿的人。他在《抱朴子‧內篇‧辨問》中說：

> 按仙經以爲諸得仙者，皆其受命偶值神仙之氣，自然所稟。故胞胎之中，已含信道之性，及其有識，則心好其事，必遭明師而得其法，不然，則不信不求，求亦不得也。〔註21〕

從以上所述我們可以知道葛洪引述《仙經》的話，來加強自己的立論。能夠修煉成爲仙人者，首先要是稟值仙宿的人，因爲他有仙命，所以自然含有信道之性，等到時機成熟時，自然就會醉心於修仙之事，若能遇到明師的指點，得其要法的修煉，成爲仙人是指日可待的。

葛洪把宿命論與先驗的人性論相互聯繫起來，又把宿命論和神秘的胎氣說結合在一起，認爲一個人要先有神仙之命，才會有相信仙道之心。他在《抱朴子‧內篇‧塞難》中說：

> 命之脩短，實由所值，受氣結胎，各有星宿。天道無爲，任物自然，無親無疏，無彼無此也。命屬生星，則其人必好仙道。好仙道者，求之亦必得也。命屬死星，則其人亦不信仙道。不信仙道，則亦不自修其事也。所樂善否，判於所稟，移易予奪，非天所能。〔註22〕

他認爲志誠信仙和稟值仙氣實際上是同一回事，都是修長生之道的前提。所

〔註19〕《抱朴子‧內篇‧微旨》，卷6，頁123。
〔註20〕《抱朴子‧內篇‧論仙》，卷2，頁17。
〔註21〕《抱朴子‧內篇‧辨問》，卷12，頁226。
〔註22〕《抱朴子‧內篇‧塞難》，卷7，頁136。

以只有信仙道者，才能求仙而後得仙。葛洪把宗教信仰突出到首要的位置，要求修道者必須樹立牢固的「志誠信仙」的宗教觀念，一方面又承襲漢代的「星命論」觀念，讓修道者把能否成仙的責任歸結到自己的命運之上。

傳統術數學有一個重要的來源，由星體的兆象發展成占星術，融合人們對天文學的觀察，認為天體星辰的運行，與世間人事有著聯繫的關係，具有預示吉凶的神秘作用。有學者認為：

> 古代的占星術與天文學是同時發展，也是來自於天人感應的神學，認為星辰有如神靈在天上，鑒別著人們行為的善惡，形成了司命信仰，配合陰陽五行的氣化思想，在天象的變化中支配了人事的興衰，形成了相互感應的關係。〔註23〕

大約在漢代從占星術發展成星象推命術，結合漢代象數學的豐富理論，追究五行、干支與四時的各種對應關係，從天文系統的星辰運行模式，來推衍個人生命的命理結構，以判斷人的貴賤、禍福與壽夭等。

漢代以來，中國社會上流行著星宿、命運、骨相之說，即使是理性主義的王充，但是他對星命、骨相之說是深信不疑的。他在《論衡‧命義》中說「故壽命脩短，皆稟於天；骨法善惡，皆見於體。命當夭折，雖稟異行，終不得長；祿當貧賤，雖有善性，終不得遂。」王充以元氣論來做進一步的解釋，「天施氣而眾星布精，天所施氣，眾星之氣在其中矣。人稟氣而生，含氣而長，得貴則貴，得賤則賤。貴或秩有高下，富或貲有多少，皆星位尊卑小大之所授也。」葛洪承襲王充之說，將星宿命運之說導入道教神學之中，他引《玉鈐經‧主命原》說：「人之吉凶，制在結胎受氣之日，皆上得列宿之精。」因此人在結胎受氣之日值不同的星宿，便會有不同的命運，如表4－3葛洪的「星命論」。

表4－3：葛洪的「星命論」

1. 其值聖宿則聖	2. 值賢宿則賢
3. 值文宿則文	4. 值武宿則武
5. 值貴宿則貴	6. 值富宿則富
7. 值賤宿則賤	8. 值貧宿則貧
9. 值壽宿則壽	10. 值仙宿則仙

〔註23〕李生龍：《占星術》（湖南：海南出版社，1993年），頁51。

11. 又有神仙聖人之宿	12. 有治世聖人之宿
13. 有兼二聖之宿（神仙聖人、治世聖人）	14. 有貴而不富之宿
15. 有富而不貴之宿	16. 有兼富貴之宿
17. 有先富後貧之宿	18. 有先貴後賤之宿
19. 有兼貧賤之宿	20. 有富貴不終之宿
21. 有忠孝之宿	22. 有凶惡之宿

　　以上所述，不可具載，其大概情況如此。從以上所述種種特質的劃分是非常精細的，可以用來規範人間的種種現象，可以說是葛洪個人別出心裁的立論。

　　葛洪認為人生下來本有定命，所以「苟不受神仙之命，則必無好仙之心」，而「未有心不好之，而求其事者也」，也「未有不求而得之者也」。所以「自古至今，有高才明達，而不信有仙者，甲雖多所鑒識而或蔽於仙」，他以此來解釋周孔不得仙道和一些高才明達不相信仙道的原因。又說「有平平許人學而得仙者，乙則多所不通而偏達其理，此豈非天命之所使然乎？」他以此說來作為鼓勵人們信仙修道的神學理論，並且主張對那些不信仙道的人不必勉強，以免枉招謗毀。修仙者應該要堅定自己的宗教信仰，不與俗人交雜，置社會上的各種物議人非於不顧，專心修道，才能成仙。

三、善用明哲

　　道教不是崇拜「仙人」，崇拜「仙人」的背後是展現對人自身的肯定與尊重。「仙人」都是「凡人」經由修仙、思玄、體道的歷程，才能達到生命永久性的昇華和完成，所以「仙人」就是修道有成之人，也是人人都可以完成與達到的境界，差別只在於每個人所下的工夫深淺不同罷了。道教是直接從天道來貫通人的心神，以「修道」來玄默冥契自心，肯定凡人的自身有「通天地為一氣」的自覺，也視人與宇宙為同質性的存在，經由「善用明哲」、「窮理盡性」的工夫，可以使凡人的本真天性與虛靈宇宙通而為一。

　　葛洪對於嵇康的「神仙特稟說」，加以修正；因為神仙若由特稟，則不必勤學了，因此提出「善用明哲」之說，明哲是人類與生俱來的稟賦，善用明哲，自可以參悟宇宙人生的奧妙。人為萬物之靈，這種靈明可以體道，可以得道，因此足以吸收天地自然的玄秘來豐沛自己的靈明本質。《抱朴子·內篇·論仙》：「有生最靈，莫過於人。」中一再強調人是貴生之物，有靈異的本質，

可以自己參悟大自然的變化，可以力學而至，可學可致是葛洪神仙說的命題，所以他不贊成「神仙特稟說」。《抱朴子‧內篇‧對俗》說：

> 或人難曰：「人中之有老彭，猶木中之有松柏，稟之自然，何可學得乎？」抱朴子曰：「夫陶冶造化，莫靈於人。故達其淺者，則能役用萬物，得其深者，則能長生久視。知上藥之延年，故服其藥以求仙。知龜鶴之遐壽，故效其道引以增年。且夫松柏枝葉，與眾木則別。龜鶴體貌，與眾蟲則殊。至於彭老猶是人耳，非異類而壽獨長者，由於得道，非自然也。眾木不能法松柏，諸蟲不能學龜鶴，是以短折耳。人有明哲，能修彭老之道，則可與之同功矣。若謂世無仙人乎，然前哲所記，近將千人，皆有姓字，及有施為本末，非虛言也。若謂彼皆特稟異氣，然其相傳皆有師奉服食，非生知也。〔註24〕

宇宙造化之中，人是最為靈明的，所以「人有明哲，能修彭老之道，則可與之同功矣。」人是居於天地鬼神中的核心地位，以「仙」的方式來參與天地鬼神的形上運作，故「仙」只是人的另一種生命的形態，是人最圓滿的生命形態。「長生久視」是人最高的自我成就，也是修道人信仰的終極實體境界，同時也是醫療的終極關懷。人與仙原本就是一體的，因此具有「明哲」的「得道」之能力，知道生命得以永恆的修持方法，即「知上藥之延年，故服其藥以求仙」與「知龜鶴之遐壽，故效其道引以增年。」「服其藥以求仙」就是以藥物養身的生理醫療，「效其道引以增年」就是以術數延命，使之內疾不生的自我醫療和使之外患不入的宗教醫療，這是萬物之靈的人類才會擁有的修道能力，以藥物與各種延命術數來自我醫療，以追求生命自我永遠的超越。

葛洪提倡道士應該「善用明哲」，積極地追求人生命形態最高的自我成就，以達成「長生久視」，那是一個形神俱妙與道合一的生命境界。所以《抱朴子‧內篇‧明本》說：

> 況乎明哲，業尚本異，有何戀之當住其間哉？夫淵竭池漉，則蛟龍不游，巢傾卵拾，則鳳凰不集，……彼有道者，安得不超然振翅乎風云之表，而翻爾藏軌於玄漠之際乎？山林之中非有道也，而為道者必入山林，誠欲遠彼腥膻，而即此清淨也。夫入九室以精思，存真一以招神者，既不喜諠譁而合污穢，而合金丹之大藥。〔註25〕

〔註24〕《抱朴子‧內篇‧對俗》，卷3，頁46。
〔註25〕《抱朴子‧內篇‧明本》，卷10，頁186～187。

從以上所述我們可以知道他認爲每個人的明哲都不相同，現在的環境不同於上古時期的純樸，所以修道有成者不喜歡停留在人世間，而翻藏於玄漠之際，所以想要修道者必入山林，是因爲想要遠離腥膻，尋求清淨之地；以便善用明哲來精思存眞一以招神，以及煉合金丹之大藥。

葛洪反對仙人不可學不可致之說，與漢代以來聖人生而知之的說法，有密切的關係，因此他主張「長生之可得，仙人之無種。」此處的關鍵全在於積學之功。葛洪反對嵇康的「神仙特稟說」，他爲了破除當時所流行的這種思潮，《抱朴子‧內篇‧極言》說：

> 或問曰：「古之仙人者，皆由學以得之，將特稟異氣耶？」抱朴子答
> 曰：「是何言歟？彼莫不負笈隨師，積其功勤，蒙霜冒險，櫛風沐雨，
> 而躬親灑掃，契闊勞藝，始見之以信行，終被試以危困，性篤行貞，
> 心無怨貳，乃得升堂以入於室。或有怠厭而中止，或有怨恚而造退，
> 或有誘於榮利，而還修流俗之事，或有敗於邪說，而失其淡泊之志，
> 或朝爲而夕欲其成，或坐修而立望其效。若夫睹財色而心不戰，聞
> 俗言而志不沮者，萬夫之中，有一人爲多矣。故爲者如牛毛，獲者
> 如麟角也。……若乃人退己進，陰子所以窮至道也。敬卒若始，羨
> 門所以致雲龍也。我志誠堅，彼何人哉？〔註26〕

陰子所以窮至道也，羨門所以致云龍也爲例，說明古仙人陰長生、羨門高都是經由積學才成爲神仙的，葛洪以古之仙眞因爲善用明哲、窮理盡性，而參悟宇宙人生的奧妙，最後終於得道成仙。

葛洪爲了說明仙道的奧秘，需要善用明哲，以「信實」作爲基礎，他舉《莊子》書中的思想，道在一切之上爲例，來說明任何小事都能臻於神妙的境界，更何況是奧妙難懂的仙道，更是有不傳之秘，需要靠人的一點靈明之性，去參悟，使之與道合一。《抱朴子‧內篇‧對俗》說：

> 夫鑿枘之粗伎，而輪扁有不傳之妙：掇蜩之薄術，而傴僂有入神
> 之巧，在乎其人，由於至精也。況於神仙之道，旨意深遠，求其
> 根莖，良未易也。鬆喬之徒，雖得其效，未必測其所以然也，況
> 凡人哉？其事可學，故古人記而垂之，以傳識者耳。若心解意得，
> 則可信而修之，其猜疑在胸，皆自其命，不當詰古人何以獨曉此，
> 而我何以獨不知之意耶？吾今知仙之可得也，吾能休糧不食也，

〔註26〕《抱朴子‧內篇‧極言》，卷13，頁239。

> 吾保流珠之可飛也，黃白之可求也，若責吾求其本理，則亦實復
> 不知矣。世人若以思所能得謂之有，所不能及則謂之無，則天下
> 之事亦鮮矣。〔註27〕

葛洪是金丹道派的神仙道教，因此特別重視實際的操作實踐工夫，故而重視
後天的「積學之功」，包括跟隨明師，因爲積功累勤，通過明師的試煉，而被
賜予合成的金丹大藥；或者是受了明師所指點的秘方，自己自行製作。《神仙
傳》中特別敘述了勤學的過程，所以「善用明哲」是古代仙人可以成功的重
要條件。

　　因此我們知道葛洪的道教哲學，是拋開玄學而對漢代黃老養生之學的
直接繼承，漢代老莊之學發展爲道家黃老之學，漸同養生術相結合。魏晉
時期神仙道教和玄學同時興起，都是對漢代道家黃老之學有所繼承，但是
路徑不同。玄學家推闡老莊的自然虛無之旨，融入儒家名教的經義，來作
玄遠虛無的哲學清談。神仙道教則是保持了漢代道家黃老之學融合養生術
的特色，仍然以黃帝、老子爲號召，演化爲一種長生成仙的宗教。葛洪的
道教哲學，拋開魏晉玄學，直接繼承道家黃老之學的思想，並且將黃老之
學作了宗教化和方術化的改造和發展，他變消極無爲的道家哲學而爲積極
有爲的道教哲學，使老莊道家哲學轉向宗教性的道教，爲神仙道教建立了
嶄新的理論體系。

　　葛洪是道教哲學的奠基人之一，他繼承早期道教道經的傳統，寓道於術，
把道家哲學恬靜無欲的思想，當成修仙方術的指導，把清靜無爲、靜觀、玄
覽、含德、抱一、坐忘等哲學理論，繼續演化爲道教哲學中的長生方術；倡
導用人力奪天地造化之功，用方術達到長生不死的目的，通過存思守一、體
道合眞而通神得仙，這就使道教哲學中的「道」和「術」融爲一體，解決了
最初哲學、宗教和方術三者銜接不緊的弊端，爲魏晉神仙道教建立了完整的
理論體系，打下堅實的哲學基礎。並且認爲有形的身體與無形的宇宙是相互
對應的，身體可以成爲象徵宇宙自然規律的符號，認爲身體是對應著宇宙氣
化的原理而來，人身之氣可以溝通天地之氣來相互交融與合一，人體也有著
與宇宙相通的生命本原，所以人體與自然是相互對應的，經由人體自身的調
節機制，也可以在促進天人的相互作用中達到統一，人體與宇宙也可以有共
生共存的共融境界，強調人身的小宇宙是與天地的大宇宙對應而合一的關

〔註27〕《抱朴子‧內篇‧對俗》，卷3，頁50。

係。〔註28〕提醒辯論神仙思想的清談者，仙法並非先天特稟異氣、值仙宿之人就可以獲得，還需要後天強力的積學勤求，始能修得，這在當時的養生名理辯論中，這是內行的話，也奠定了其辯論神仙思想的力量。

第三節　他力修持

　　葛洪認為在人自身的自我超越能力修煉的過程中，除了要有先天的稟值仙氣，善用明哲之外，還需要有後天的積學之功。後天的積學之功包含：立志、明師、口訣及積善功德，立志是修煉仙道的必要條件，明師的尋求是得道的主要途徑也是能修煉成仙的必要條件，經書口訣與傳授的要點，積善功德是要多做善事，以免被司命扣減年命，是修煉仙道的實際操作工夫，葛洪使其成為仙道的宗教倫理，成為養生成仙的要件，這些後天的積學之功是有循序漸進的過程。

一、立志

　　學道之要，首在立志勤求至道，葛洪在《抱朴子‧內篇‧論仙》闡明修煉仙道的必要條件時說：

> 夫求長生，修至道，訣在於志，不在於富貴也。苟非其人，則高位厚貨，乃所以為重累耳。〔註29〕

他說「求長生，修至道，訣在於志」，所以修煉仙道的必要條件是要先「立志」。因為修煉仙道不是一件容易的事，它是一門特殊的修煉歷程，人們由現實世界進入超現實的神仙世界，需要經過非常艱辛的精神飛躍和升華的過程，所以首先需要具備的就是立定超乎世俗的大志。葛洪在《抱朴子‧內篇‧對俗》中說：

> 仙道遲成，多所禁忌。自無超世之志，強力之才，不能守之。其或頗好心疑，中道而廢，便謂仙道長生，果不可得耳。〔註30〕

從以上所述可以知道修煉仙道是極不容易的，一來多所禁忌，二來仙道遲成，所以一般人若是沒有超世之志，或是強力的才華，是不能堅守到最後，而時

〔註28〕陳樂平：《出入命門——中國醫藥文化學導論》（上海：上海三聯書店，2001年），頁85。

〔註29〕《抱朴子‧內篇‧論仙》，卷2，頁17。

〔註30〕《抱朴子‧內篇‧對俗》，卷3，頁46～47。

常中道而廢,一無所成,因而不相信神仙是可以經由修煉而得的。所以在《抱朴子‧內篇》一開始,就先強調「立志」的重要性。葛洪認為秦始皇、漢武帝未能修成仙道,在《抱朴子‧內篇‧論仙》中說:

> 凡世人所以不信仙之可學,不許命之可延者,正以秦皇漢武求之不
> 獲,以少君欒太爲之無驗故也。……彼二君兩臣,自可求而不得,
> 或始勤而卒怠,或不遭乎明師,又何足以定天下之無仙乎?〔註31〕

從以上所述可以知道秦始皇、漢武帝未能修成仙道的原因有二:一是未能立志修道,所以才會導致「彼二主徒有好仙之名,而無修道之實」,或是「始勤而卒怠」。二是「不遭乎明師」,所以「所知淺事,不能悉行。要妙深秘,又不得聞。又不得有道之士,爲合成仙藥以與之」,所以不得長生。

修煉仙道是一件極不容易的事,需要的是「我志誠堅,彼何人哉」的勤求信念,因此筆者將《抱朴子‧內篇》中與「勤求」有關的資料,整理成表4－4。

表4－4:與「勤求」有關的資料

序 號	內　　　　容	篇　名
1	金丹入身中,沾洽榮衛,非但銅青之外傅矣。世間多不信至道者,則悠悠者皆是耳。然萬一時偶有好事者,而復不見此法,不值明師,無由聞天下之有斯妙事也。余今略鈔金丹之都較,以示後之同志好之者。其勤求之,求之不可守淺近之方,而謂之足以度世也。	金丹
2	苟心所不信,雖令赤鬆王喬言提其耳,亦當同以爲妖訛。然時頗有識信者,復患於不能勤求明師。夫曉至要得眞道者,誠自甚稀,非倉卒可值也。	勤求
3	或頗有好事者,誠欲爲道,而不能勤求明師,合作異藥,而但晝夜誦講不要之書,數千百卷,詣老無益,便謂天下果無仙法。	勤求
4	或有幸值知者,不能勤求,此失之於不覺,不可追者也。知人之淺深,實復未易。古人之難,誠有以也。白石似玉,姦佞似賢。賢者愈自隱蔽,有而如無,姦人愈自衒沽,虛而類實,非至明者,何以分之?	袪惑
5	況長生之道,眞人所重,可不勤求足問者哉?然不可不精簡其眞僞也!余恐古強、蔡誕、項曼都、白和之不絕於世閒,好事者省余此書,可以少加沙汰其善否矣。	袪惑

序號 2、3 都是與勤求明師有關，序號 2 說明一般人不相信仙人可得，所以即使是碰到赤鬆、王喬仙人的指點，也會因爲命中不值仙宿而不信仙，把他們當成妖訛來看待；即使是信仙，若是不能勤求遇明師而指點修眞要道，也是枉然，因爲遇明師是非倉卒可值也。序號 3 說明若是不能勤求遇明師，指點合作異藥之法，只會誦講不要之書，是對詣老無所助益的。而序號 1、4、5 則是強調勤求的態度。序號 1 說明金丹才是度世之法，可是不值明師，就無由聞天下之有斯妙事也。序號 4 說明若是有幸能碰到知者，不能勤求，此失之於不覺，因爲明師之淺深難知，賢者愈自隱蔽，奸人愈自衒沽，非有至明者，如何能分辨？序號 5 說明長生之道，是眞人所特別重視而不輕易傳授的，所以不用勤求的態度，如何能得到呢？

從以上所述，我們可以發現雖然序號 2、3 是與勤求明師有關，序號 1、4、5 則是強調勤求的態度，但是其內容都與「明師」密切相關，所以立志勤求至道，傳授的必要條件就是「明師」與「口訣」，二者是合爲一體、密不可分的。

二、明師

道的授與受，特別講究「明師」與「高徒」之間的關係，二者也是一體、密不可分的。仙道的傳經授訣，承續古來巫術、方術的傳統，因此具有濃厚的秘傳性格；特別強調師要是「明師」，只有高明的老師才會傳授至要得眞之道，例如服丹守一等重要的成仙道法，而非講誦不重要之經典，或是對延命無所助益的小術。而弟子也是經過明師特別「簡擇」而來的，這就是道門所強調的「機緣」；因爲道法是至爲隱密的，不可以所傳非人，所以特別重視「道」的授與受。

（一）師承

魏晉時期的金丹派神仙道教，以「師徒相傳」爲宗教特徵，經書也多以秘密的方式傳授，所以我們可以藉由追索葛洪所授道經的傳承，來了解葛洪的師承。江南的金丹派神仙道教傳承，是從神人→左元放→葛玄→鄭隱→葛洪。在他這一派的傳承中，左慈、從祖葛玄、師父鄭隱都重在傳經、修道、沒有把主要精力放在著述上。只有葛洪文才流暢，從少年起就立志於撰寫子書，在《抱朴子·內篇》中反覆闡述，多方面論證，在道教神仙理論上成一家之言，是三國至晉代神仙道教的集大成的著作。

漢末著名的神仙道士都存有許多道書，例如干吉、帛和、張陵、陰長生、左慈等道教首領，都收藏有一些包括金丹術在內的珍貴道經。依據葛洪《神

仙傳》記載張陵「歲學長生之道，得黃帝九鼎丹法」，後來傳弟子王長、趙升；也有提到漢末陰長生從馬鳴生學道，於青城山受《太清神丹經》之事，因此張陵和馬鳴生都在四川傳道，也許彼此間是有關係的。此外在《道藏》中收有《太清金液神丹經》三卷，經文說傳至陰長生，卷上則有正一天師張道陵（即張陵）的序，卷中還附有鄭隱的按語及葛洪對鮑靚遇仙人陰長生受尸解法之事的記載。歸納以上資料可以知道，在左慈之前《九鼎丹經》和《太清丹經》就曾經流傳到張陵、陰長生的手中，他們又傳給了自己的徒弟，直到曹操把原本流散在社會上的神仙道士都集中在許都，給他們製造了拜師傳經的條件，神仙道教金丹派才由此而興。

　　金丹派的道經，先在漢末方仙道中流傳，後來傳到左慈手中，然後由左慈傳往江南的。左慈所傳的不只有《九鼎丹經》、《太清丹經》等煉丹術著作，還有《金銀液經》和《黃白中經》等煉金術著作。葛洪的金丹術，全是由左慈經鄭隱傳授給他的，而且左慈與鄭隱曾經在廬江銅山中試作過，都是成功的。他們所傳授的是煉製金丹大藥的經書和口訣，這樣的金丹道在之前的江東地區是未曾聞見的，即使到了葛洪時，其他的道士對金丹仍是未曾聞見。葛洪的神仙道教，除了傳承金丹術經典之外，還傳授了重要符書《三皇內文》、《五岳眞形圖》和講變化之術的道經《墨子枕中五行記》。

　　因爲道法是至要隱密的，所以勤求明師是修煉仙道的首要目標，筆者將《抱朴子‧內篇》中與「明師」有關的資料，整理成表4－5。

表4－5：與「明師」有關的資料

序號	內　　　　　容	篇名
1	彼二君兩臣，自可求而不得，或始勤而卒怠，或不遭乎明師，又何足以定天下之無仙乎？	論仙
2	然萬一時偶有好事者，而復不見此法，不值明師，無由聞天下之有斯妙事也。余今略鈔金丹之都較，以示後之同志好者。其勤求之，求之不可守淺近之方，而謂之足以度世也。	金丹
3	昔有明師，知不死之道者，燕君使人學之，不捷而師死。燕君怒其使者，將加誅焉。諫者曰，夫所憂者莫過乎死，所重者莫急乎生，彼自喪其生，亦安能令吾君不死也。	至理
4	是故非積善陰德，不足以感神明；非誠心款契，不足以結師友；非功勞不足以論大試；又未遇明師而求要道，未可得也。九丹金液，最是仙主。然事大費重，不可卒辦也。寶精愛炁，最其急也，並將服小藥以延年命，學近術以辟邪惡，乃可漸階精微矣。	微旨

序　號	內　　　　　容	篇　名
5	抱朴子曰:「欲求神仙,唯當得其至要,至要者在於寶精行炁,服一大藥便足,亦不用多也。然此三事,復有淺深,不值明師,不經勤苦,亦不可倉卒而盡知也。	釋滯
6	故胞胎之中,已含信道之性,及其有識,則心好其事,必遭明師而得其法,不然,則不信不求,求亦不得也。	辨問
7	明師能授人方書,不能使人必爲也。夫修道猶如播穀也,成之猶收積也。厥田雖沃,水澤雖美,而爲之失天時,耕鋤又不至,登稼被壟,不穫不刈,頃畝雖多,猶無獲也。	極言
8	古者豈有無所施行,而偶自長生者乎?」抱朴子答曰:「無也。或隨明師,積功累勤,便得賜以合成之藥。或受秘方,自行治作,事不接於世,言不累於俗,而記著者止存其姓名,而不能具知其所以得仙者,故闕如也。	極言
9	至於問安期以長生之事,安期答之允當,始皇悒悟,信世閒之必有仙道,既厚惠遣,又甘心欲學不死之事,但自無明師也,而爲盧敖徐福輩所欺弄,故不能得耳。	極言
10	苟心所不信,雖令赤鬆王喬言提其耳,亦當同以爲妖訛。然時頗有識信者,復患於不能勤求明師。夫曉至要得眞道者,誠自甚稀,非倉卒可值也。然知之者,但當少耳,亦未嘗絕於世也。	勤求
11	夫人生先受精神於天地,後稟氣血於父母,然不得明師,告之以度世之道,則無由免死,鑿石有餘焰,年命已凋頹矣。由此論之,明師之恩,誠爲過於天地,重於父母多矣,可不崇之乎?可不求之乎?	勤求

　　「明師」的明,在《抱朴子‧內篇》中有兩層意義,一是明智、明哲之明,二是指盟誓始得明師。序號 2「不值明師,無由聞天下之有斯妙事也」,葛洪在《抱朴子‧內篇‧金丹》中說明金丹要法,一定要碰到明智、明哲的老師指導修煉,才會知道天下有這種成仙妙法,而葛洪特別強調他問過其他的道士,他們完全沒有聽過,由此也可以顯現師承的重要性。序號 3、4、5、6、7、8 都在說明明師的明哲之明,包括:「知不死之道」、「遇明師才能求要道」、「能授人方書」;成仙妙法有:「九丹金液,最是仙主。然事大費重,不可卒辦也。寶精愛炁,最其急也,並將服小藥以延年命,學近術以辟邪惡,乃可漸階精微矣」、「至要者在於寶精行炁,服一大藥便足」、「賜以合成之藥。或受秘方,自行治作」。序號 4、8 說明弟子經過試煉、盟誓始得明師後才能師受,例如「非誠心款契,不足以結師友;非功勞不足以論大試」、「隨明師,

積功累勤，便得賜以合成之藥」。序號 11 說明師道的尊貴，藉由「明師之恩，誠爲過於天地，重於父母多矣」，因爲「人生先受精神於天地，後稟氣血於父母，然不得明師，告之以度世之道，則無由免死」。由此看來父母是生我者，而明師卻是成功讓我們修成仙道者，故在仙道思想中形成了強調師道尊貴的傳統。

（二）試煉

明師既是明哲，簡擇弟子則需要加以試煉。所以爲師的需要有一番簡擇的過程，才能找到才德兼具的傳人，葛洪在《抱朴子・內篇・辨問》中說：

> 夫道家寶秘仙術，弟子之中，尤尚簡擇，至精彌久，然後告之以要訣。〔註32〕

由此可知道家對於仙道方術採取十分寶貴保密的態度，所以在自己弟子中，都要經過「簡擇」，還需要「至精彌久」的考驗，然後才可以傳授他仙道的要訣。故他認爲明師與徒弟的遇合，是要講究道的「機緣」的，還有相互簡擇的問題，這在當時的師授過程中是至爲重要的。葛洪認爲簡擇弟子時，需要多加試煉，因此在《抱朴子・內篇・極言》中說明自己學習過程與試煉的種類：

> 彼莫不負笈隨師，積其功勤，蒙霜冒險，櫛風沐雨，而躬親灑掃，契闊勞藝，始見之以信行，終被試以危困，性篤行貞，心無怨貳，乃得升堂以入於室。或有怠厭而中止，或有怨恚而造退，或有誘於榮利，而還修流俗之事，或有敗於邪說，而失其淡泊之志，或朝爲而夕欲其成，或坐修而立望其效。若夫睹財色而心不戰，聞俗言而志不沮者，萬夫之中，有一人爲多矣。〔註33〕

此段前半段說明自己拜師於鄭思遠的門下，執弟子之禮甚爲恭謹。從負笈隨師開始，平日就要積其功勤、蒙霜冒險、櫛風沐雨、躬親灑掃、契闊勞藝，從這些過程中才能看出弟子對於修仙之道的信心，接著必須「試以危困」，明師確認弟子能夠性篤行貞，心無怨貳，才能升堂於室，接受傳授。在試煉的過程中，若有下列六種情形：怠厭而中止、怨恚而造退、誘於榮利而還修流俗之事、敗於邪說而失其淡泊之志、朝爲而夕欲其成、坐修而立望其效者，則會無法通過試煉。

〔註32〕《抱朴子・內篇・辨問》，卷 12，頁 226。
〔註33〕《抱朴子・內篇・極言》，卷 13，頁 239。

葛洪有意建立道法傳授的師徒倫理，因此特別加強求道者的應事態度，有一條《抱朴子》的佚文，在《太平御覽》六百五十九引中有提到：

> 專心憑師，依法行道，濟身度世，利在永亨，事師盡敬，得道爲期，承間候色也。不盡力明師道，有罪不可除也。學道得明師事之，害亂不得發也。〔註34〕

以上所述最能表現弟子對於明師的規矩，類此整齊的四字、六字句式，應該是後人引述葛洪《抱朴子・內篇》相關內容，加以特意改寫而成的，屬於盟約起誓之用，反應求道修道在道教初期的鄭重其事。學者李豐楙認爲《抱朴子・內篇》的價值，就是在道教史中公開表明想要建立一套嚴謹可法的師授倫理之理論，葛洪出於道法相承的金丹道派，雖然有取法儒家傳道授業的師道傳統之處，但是也有廣泛參考當時道書當中傳授法訣的戒規，並且融入自己身體力行的心得，所組成的一套教育規範，因此提升了道書的尊貴，奠定了道教的地位〔註35〕。

葛洪認爲神仙並非特稟異氣、不學而成的，而是需要經過後天的積學而成，因此將自己當時拜師的經驗寫出來，我們可以把它看成是當時神仙道教的弟子事師需知，以明瞭當時的弟子事奉師長之禮，把「積其功勤、蒙霜冒險、櫛風沐雨、躬親灑掃、契闊勞藝」當成是學道者的示範，求道的過程，先有信行、然後試以危困，這段期間若是稍爲有意志不堅，就會前功盡棄。「試煉」在仙道的師受過程中，由於其本身具有師徒的倫理關係，又加上一層宗教的秘傳性，因此特別發人深省。魏晉時期道教特別重視尊師之禮，反映出道經的禁秘、口訣的奧秘，爲道教確立了尊師重道的傳統。同時「試煉」是極富於趣味的題材，時常成爲後世仙道小說的重心，發展爲點化、度脫以及試煉的情節。

三、道經與口訣

道經與口訣是得道的主要途徑，因爲明師與弟子之間的授受，就是道經與口訣。道經與口訣是「道家之所至秘而重」的道法，「金簡玉札，神仙之經」都是至要之言，因此在傳授之時，道教有別於儒家的傳統，就是以血爲盟的盟誓。它源自於巫術的咒誓，道教化之後成爲約束師徒之間的宗教禁制力，並且以此

〔註34〕（宋）李昉：《太平御覽》（北京：中華書局，1960年），頁2897。
〔註35〕李豐楙：《不死的探求——抱朴子》，頁229～237。

來維護宗教的道法能正確地薪火相傳，形成中國秘方禁術傳授的傳統。其中口訣較諸道經，更為禁秘，多是採用「口傳心授」的方式，來傳授道法。

（一）盟誓

「明師」的明，在《抱朴子·內篇》中有兩層意義，一是明智、明哲之明，二是指「盟誓」始得明師。道教將古人訂盟與巫師傳法的儀式加以吸收而予以道教化，所以以血為盟，具有濃厚的巫術性，其本身所有的象徵律，顯示它有生命傳續，並且有若是違背戒律，將會受到可怕譴責的禁忌作用。筆者將《抱朴子·內篇》中與「血盟、歃血」有關的資料，整理成表 4−6。

表 4−6：與「血盟、歃血」有關的資料

序號	內　　　　　容	篇名
1	是以道家之所至秘而重者，莫過乎長生之方也。故血盟乃傳，傳非其人，戒在天罰。先師不敢以輕行授人，須人求之至勤者，猶當揀選至精者乃教之，況乎不好不求，求之不篤者，安可衒其沽以告之哉？	勤求
2	豈況金簡玉札，神仙之經，至要之言，又多不書。登壇歃血，乃傳口訣，苟非其人，雖裂地連城，金璧滿堂，不妄以示之。夫指深歸遠，雖得其書而不師受，猶仰不見首，俯不知跟，豈吾子所詳悉哉？	明本
3	故仙經曰：子欲長生，守一當明；思一至飢，一與之糧；思一至渴，一與之漿。一有姓字服色，男長九分，女長六分，或在臍下二寸四分下丹田中，或在心下絳宮金闕中丹田也，或在人兩眉間，卻行一寸為明堂，二寸為洞房，三寸為上丹田也。此乃是道家所重，世世歃血口傳其姓名耳。	地真
4	余聞鄭君言，道書之重者，莫過於三皇內文五岳真形圖也。古人仙官至人，尊秘此道，非有仙名者，不可授也。受之四十年一傳，傳之歃血而盟，委質為約。	遐覽

序號 1、2、3、4 都在說明「血盟」重要性與儀式性，例如：「血盟乃傳，傳非其人，戒在天罰」、「登壇歃血，乃傳口訣」、「此乃是道家所重，世世歃血口傳其姓名耳」、「傳之歃血而盟，委質為約」。登壇歃血是極為隆重之事，因為以血為盟，具有濃厚的巫術性，其本身有代表生命傳續的象徵性。當傳而不傳，或是不當傳而傳，都是違反天的戒律，若是違背戒律，將會受到可怕譴責的禁忌作用。所以序號 1 說「傳非其人，戒在天罰」，序號 2 說明何者為不當傳而傳「苟非其人，雖裂地連城，金璧滿堂，不妄以示之」，序號 4 說「非有仙名者，不可授也」，這些都是違反天的戒律，屬於科禁一類。科禁是來自巫術的咒誓起

誓之辭。這裡所說的「科」，指得是明科、盟科、科禁等意義，是說明師授傳經的需知事項。從以上所述可以知道葛洪所見的道書中，還未有明科一類，至於〈遐覽〉也未有專門的著錄，或只是隨道書而表出而已。

有關老師徒弟之間的明科，《漢武內傳》中有清楚的說明：「傳非其人，是爲泄天道；可授而不傳，是爲閉天寶；不計限而妄授者，是爲輕天老；受而不敬，是爲慢天藻。泄閉輕慢四者，取死之刀斧，延禍之車乘也。」這雖然是借用西王母之口來傳述科禁，可以使我們明白：泄閉是明師的責任，輕慢是弟子的責任，將經訣的出世，歸諸於神秘的天上仙眞，因而違反盟約將受天罰。所以序號1說「傳非其人，戒在天罰」，是有所依據的。考證於《四極明科經》，可以知道這是屬於舊科中的起誓之辭；它源自於巫術的咒誓，道教化之後成爲約束師徒之間的宗教禁制力，並且以此來維護宗教的道法能正確地薪火相傳，形成中國秘方禁術傳授的傳統。

（二）口傳心授

口訣較諸道經，更爲禁秘，從葛氏道的立場來說，最爲矜秘的口訣多與金丹相關，多是明師對簡擇之後的高徒採用「口傳心授」的方式，來傳授道法，因此筆者將《抱朴子‧內篇》中與「口訣」有關的資料，整理成表4-7。

表4-7：與「口訣」有關的資料

序 號	內　　容	篇 名
1	夫作金皆在神仙集中，淮南王抄出，以作鴻寶枕中書，雖有其文，然皆秘其要文，必須口訣，臨文指解，然後可爲耳。其所用藥，復多改其本名，不可按之使用也。	論仙
2	余師鄭君者，則余從祖仙公之弟子也，又於從祖受之，而家貧無用買藥。余親事之，灑掃積久，乃於馬跡山中立壇盟受之，並諸口訣訣之不書者。江東先無此書，書出於左元放，元放以授余從祖，從祖以授鄭君，鄭君以授余，故他道士了無知者也。	金丹
3	金液經云，投金人八兩於東流水中，飲血爲誓，乃告口訣，不如本法，盜其方而作之，終不成也。凡人有至信者，可以藥與之，不可輕傳其書，必兩受其殃，天神鑒人甚近，人不知耳。	金丹
4	或曰：「願聞眞人守身煉形之術。」抱朴子曰：「深哉問也。夫始青之下月與日，兩半同昇合成一。出彼玉池入金室，大如彈丸黃如橘，中有嘉味甘如蜜，子能得之謹勿失。既往不追身將滅，純白之氣至微密，昇於幽關三曲折，中丹煌煌獨無匹，立之命門形不卒，淵乎妙矣難致詰。此先師之口訣，知之者不畏萬鬼五兵也。」	微旨

序　號	內　　　　　　　　容	篇　名
5	彭祖之法，最其要者。其他經多煩勞難行，而其爲益不必如其書。人少有能爲之者。口訣亦有數千言耳。不知之者，雖服百藥，猶不能得長生也。	微旨
6	房中之法十餘家，或以補救傷損，或以攻治眾病，或以採陰益陽，或以增年延壽，其大要在於還精補腦之一事耳。此法乃眞人口口相傳，本不書也，雖服名藥，而復不知此要，亦不得長生也。……若不得口訣之術，萬無一人爲之而不以此自傷煞者也。	釋滯
7	豈況金簡玉札，神仙之經，至要之言，又多不書。登壇歃血，乃傳口訣，苟非其人，雖裂地連城，金璧滿堂，不妄以示之。夫指深歸遠，雖得其書而不師受，猶仰不見首，俯不知跟，豈吾子所詳悉哉？	明本
8	又黃白術亦如合神丹，皆須齋潔百日已上，又當得閑解方書，意合者乃可爲之，非濁穢之人，及不聰明人，希涉術數者所辨作也。其中或有須口訣者，皆宜師授。又宜入於深山之中，清潔之地，不欲令凡俗愚人知之。	黃白
9	且夫不得明師口訣，誠不可輕作也。夫醫家之藥，淺露之甚，而其常用效方，便復秘之。故方有用後宮游女，僻側之膠，封君泥丸，木鬼子，金商芝，飛君根，伏龍肝，白馬汗，浮云滓，龍子丹衣，夜光骨，百花醴，多鄒齋之屬，皆近物耳，而不得口訣，猶不可知，況於黃白之術乎？今能爲之者，非徒以其價貴而秘之矣，此道一成，則可以長生。長生之道，道之至也，故古人重之也。凡方書所名藥物，又或與常藥物同而實非者，如河上妊女，非婦人也；陵陽子明，非男子也；禹餘糧，非米也；堯漿，非水也。……近易之草，或有不知，玄秘之方，孰能悉解？劉向作金不成，無可怪之也。及得其要，則復不煩聖賢大才而後作也，凡人可爲耳。劉向豈頑人哉，直坐不得口訣耳。今將載其約而效之者，以貽將來之同志焉。	黃白
10	受眞一口訣，皆有明文，歃白牲之血，以王相之日受之，以白絹白銀爲約，剋金契而分之，輕說妄傳，其神不行也。	地眞
11	守玄一，並思其身，分爲三人，三人已見，又轉益之，可至數十人，皆如己身，隱之顯之，皆自有口訣，此所謂分形之道。	地眞
12	李先生口訣肘後二卷	遐覽

　　序號 1、2、3、8、9 的口訣都是與金丹的道法有關，序號 4、10、11 的口訣都是與守一之術有關，序號 6 的口訣是與房中術有關，所以由此看來服丹守一是葛洪依憑師承，所建立的金丹道派神仙道教中的大法。序號 1 的「鴻寶枕中書，雖有其文，然皆秘其要文，必須口訣，臨文指解，然後可爲耳。

其所用藥，復多改其本名」、序號 9 的「且夫不得明師口訣，誠不可輕作也。夫醫家之藥，淺露之甚，而其常用效方，便復秘之。故方有用後宮游女，僻側之膠，封君泥丸，木鬼子，金商芝，飛君根，伏龍肝，白馬汗，浮云滓，龍子丹衣，夜光骨，百花醴，冬鄒齋之屬，皆近物耳，而不得口訣，猶不可知，況於黃白之術乎？」葛洪在此特別說明煉丹若是沒有明師的口傳心授，以及隨文指點則無法徹底了解，主要是因為其中有很多的隱名，例如「河上妊女，非婦人也；陵陽子明，非男子也；禹餘糧，非米也；堯漿，非水也」，這些隱名沒有明師的指點，則無法徹底了解，因為古人認為：「長生之道，道之至也，故古人重之也。凡方書所名藥物，又或與常藥物同而實非者」。

從以上所述我們可以知道，隱秘的口訣是魏晉南北朝煉丹史上的一大特色，不只是有關藥物養身的金丹口訣使用隱名，連屬於自我醫療的守身煉行之術，也使用隱名，「夫始青之下月與日，兩半同昇合成一。出彼玉池入金室，大如彈丸黃如橘，中有嘉味甘如蜜，子能得之謹勿失。既往不追身將滅，純白之氣至微密，昇於幽關三曲折，中丹煌煌獨無匹，立之命門形不卒，淵乎妙矣難致詰」，隱秘的口訣是道教師授的一大特色。一來因為當時世風日下，道門情況複雜，所以若是所傳非人，「雖得其書而不師受」，就會猶仰不見首，俯不知跟，毫無用處。二來是因為當時矜為隱秘已極的丹藥變化，在當時人的心中是屬於複雜的化學變化，此種現象要到唐代之後煉丹家才逐漸放棄隱名，直接記錄其煉丹的材料。所以葛洪認為劉向作金不成，就是因為不得口訣的原因。

《抱朴子・內篇》有許多盟約的儀式，尤以金丹為其典型，《抱朴子・內篇・金丹》說《黃帝九鼎神丹經》是：

> 黃帝以傳玄子，戒之曰，此道至重，必以授賢，苟非其人，雖積玉如山，勿以此道告之也。受之者以金人金魚投於東流水中以為約，歃血為盟，無神仙之骨，亦不可得見此道也。〔註36〕

這是錄自丹經中的文字，極為可信，從以上所述我們可以一窺當時的歃血盟約儀式。在儀式中「受之者以金人金魚投於東流水中以為約」，使用金人、金魚是屬於與煉金有關的象徵性巫術；將金人、金魚投於東流水中，則代表了以水為誓，若是違約當如東流之水；歃血為盟則代表了以血為神秘的盟約方式。序號 3 中的「飲血為誓」，也是以血為神秘的盟約方式。序號 10 的受真

〔註36〕《抱朴子・內篇・金丹》卷 4，頁 74。

一口訣儀式是「皆有明文，歃白牲之血，以王相之日受之，以白絹白銀爲約，剋金契而分之。」此處以血爲盟的方式是用「歃白牲之血」，古人多斬白馬以盟誓，來表示鄭重；要特別挑選「王相之日」拜受，用「白絹白銀」作爲信約，還必須鄭重地將契約刻在金屬上，雙方各分執一半作爲憑證。從上述受金丹與受眞一的儀式中，我們可以看到傳授不同的道法，其歃血盟約儀式是不盡相同的。上清經派對於當時的明科形成，是頗有建樹的；《無上秘要》是有計劃地抄錄整理六朝古道經中有關盟約的資料，其中卷三十四的〈授度品〉說：「學當師受，學不師受，不可以教人。」〈法信品〉說受經時要：「先歃血累壇，剪髮立盟，爲不宣不洩之信誓。後聖以歃血犯生炁之傷，剪髮違膚毀之犯，謹以黃金代刺血之盟，青柔之帛二十二疋當割髮之約。」由此觀之傳授道經要訣的盟約形式是有演變的，歃血剪髮代表的是較爲素樸的原始形式，後期是以黃金、布帛作爲信物，葛洪所錄的仙經，保持的是早期的盟約形式。

序號 2 中的「余師鄭君者，則余從祖仙公之弟子也，又於從祖受之，而家貧無用買藥。余親事之，灑掃積久，乃於馬跡山中立壇盟受之，並諸口訣訣之不書者。」葛洪在馬跡山中立壇盟受的《太清丹經》、《九鼎丹經》、《金液經》等丹經，都是「並諸口訣訣之不書」的，序號 7 中的「金簡玉札，神仙之經，至要之言，又多不書。登壇歃血，乃傳口訣」，這些都是「口傳心授」的明顯例證，也顯示了修仙道在道教初期時是非常鄭重其事的。

第四節 《抱朴子‧內篇》成仙的內涵

傳統宗教「靈感思維」的作用在追求「通」，表現形態有二種，分別爲「靈感」與「修道」，是兩種重要的宗教神聖體驗，這兩種神聖體驗可以轉化爲「通神」與「神通」二種概念。「靈感」轉化爲「通神」，亦即終極實體的神能通向於人，故著重「天地鬼神」的神聖能力。所以靈感的「通」，是以「天地鬼神」無限的「通」來消解「人」有限存有的困境，人可以經由宗教儀式來實現其信仰情感，深信神蹟是無所不在的。「修道」轉化爲「神通」，著重「人」的神聖能力，這是經由修道而來的主體精神體驗，所以神通不只是用來標榜外顯的神力，而是展現出「人」與「天地鬼神」合爲一體的主體性與實現性，並且深信人的生命與宇宙形上的終極實體生命（仙人）在本質上是混渗合一的，經由自力實踐說的先天修煉理論與後天的積學之功，也能實現生命的「終

極價值」。

　　道教的根本內涵是建立在宇宙論與生命觀上，肯定在人的有形生命之上，有著與之對應至高無上的終極實體，在《抱朴子‧內篇》中稱爲仙人，特別重視此終極實體與人相互交感的神聖經驗，是所有宗教最爲核心的本質所在。例如神仙道教所重視的金丹，金丹就是終極實體「道」的化身，所以服食金丹就可以直接合道成仙，是葛洪神仙道教中醫療的最高步驟，它是從靈性治療上著手，建立在這種靈實互動的精神體驗上，內在的信仰情感是重於任何的外在形式，是直接訴諸人與天地鬼神之間的「靈性交通」與「生命體驗」。故《抱朴子‧內篇》的生命醫療特別重視信仰的神聖體驗，以及人與終極實體（仙人）相遇或合一的生命修道工夫。

一、終極實體的生命關懷

　　原始宗教的靈魂觀念形成之後，大致沿著三個方面來發展：一是靈魂不朽的觀念，二是萬物有靈論，三是從人自身的靈魂觀念通過對象化，發展爲超自然的神靈觀念，進而有將不同的神靈的地位變成有序化與階梯化，逐漸形成神階體系。〔註37〕

　　原始宗教的靈性生命觀，認爲人的實存世界與靈的形上世界是可以相互交感，形成靈實相感的生命觀念，發展出對自我生命的特殊看法，直接以宇宙的節律來理解自我生命的節律。〔註38〕在原始宗教裏宇宙觀與生命觀是渾然一體的，肯定生命是可以經由死亡而更新，生與死的界限沒有明確地被切割開，彼此是緊密的相互交織，再生未必是以人的形態來展現，可以將靈性延伸到其他物類上，形成生命擴充與轉移的觀念，理解到人的靈性是可以永恆與超越的存在。從女媧化爲精衛、夸父化爲鄧林的變形神話中，可以知道死亡不是靈性生命的結束，可以經由外在形式的轉換而再生，發展出「生命一體化」的觀念。

（一）宗教體驗

　　在宗教得神聖體驗下，當人們意識到超越存有的終極實體時，同時重視自我內在的生命本質，肯定人的靈性也可以相通於終極實體的靈性，不單是終極實體是神聖存有，人的靈性也是一種神聖的存有，當人們在信仰終極實

〔註37〕金澤：《宗教人類學導論》（北京：宗教文化出版社，2001 年），頁 192。
〔註38〕王鐘陵：《中國前期文化──心理研究》（重慶：重慶出版社，1991 年），頁339。

體的同時，也是對自我生命的覺知、領悟與實踐。

　　終極實體——神仙是宇宙最高的創造者與主宰者，是人們信仰的對象，卻要經由人的生命實踐才能相應於此一無限性與真理性的存有。人的靈性是生命的本質，也是人與靈體相通的媒介，要通過生命本質的開發與奮鬥，才能擺脫外在物性的遮蔽與限制，在精神的自覺中交感終極實體的神聖境界，進而也神聖化自我的生命，達到去惡向善的完美體現。所以宗教的信仰對象，雖然是終極實體——仙人，其目的卻是要成就人朝向終極的生命實現，在經由對神仙的信仰中，來體認生命存有的意義與價值。

　　宗教可以說是人類最早的生命教育系統，經由信仰來教導人們認識生命與體驗生命。學者陳福濱對生命教育的看法為：

> 所謂生命教育，不只是科學的人體教育，更多的是非物質與非科學的精神教育，著重在生命智慧的培養與生命意義的顯揚，建構在生命主體的自覺上，以生命為根，以存在為本，對人的生命存在進行自覺的啓發與價值意義的開展。〔註39〕

從此觀點來看，原始宗教可以說是史前時代生命教育的推動者與傳承者，經由宗教活動來進行生命觀念與行為的教育，在共同儀式行為下，領悟生命的存有之理。

　　宗教的生命教育，不只是認識生命，還要能實現生命與體驗生命。所以宗教生命關懷的重點在於：人的本質生命如何在宇宙或是「道」的啓示之下，能自身實現生命存在與發展的目的，積極地面對自我存在的生命內涵，從追求肉體保存與感官愉悅的生理需求，提昇到感性與理性的生命體驗上，肯定人性圓滿生命品質的實現需求，不僅追求舒適的生態環境，更要不斷地體驗精神上的生命境界，獲得心靈和諧的終極境界。〔註40〕

（二）圓滿生命的面向

　　人之所以能成為萬物之靈，就在於人有自我意識的生命能量，所以能夠不僅滿足物質生活的需求，更致力於精神生活的創造與更新，從而建立起圓滿的生命尊嚴與人格價值。這種自我意識的人格生命形態，可以統整出三個主要面向，來反映出人們在宗教活動下對生命的嚮往、追求與探尋。

〔註39〕陳福濱：《生命教育的理論與實務》（台北：寰宇出版公司，2000年），頁23。
〔註40〕鄭志明：《宗教生死學》（台北：文津出版社，2009年），頁34。

　　第一個面向是「求真」，屬於究極的關懷：這是來自對生命本質的積極探求，從靈性的自覺去印證終極實體的存有，超越有限肉體的存在，直接體現生命的永恆意義與終極目的，追求實在的求真精神，是人類各種宗教信仰最基本的要素。第二個面向是「求善」，屬於道德價值的肯定：這是行為實現的規律表現，從靈性的實現去印證人性的道德法則，企求達到至善的人格境界，來圓滿人際互動的生存原理。第三個面向是「求美」，屬於生活藝術化：這是來自心靈美感的體現，將精神上的體驗貫注在具體的外在形式之中，強化了人們理解萬物的審美情感，使信仰行為充滿了藝術的象徵符號。〔註41〕因此真善美是人類圓滿生命的三個面向，是人們自我意識的三個本性，同時也是人們求生意志下的求優奮鬥。

　　人們自我意識下對生命的理解，包括有形的人身與無形的精神靈性，肯定生命至少是二元的結構，如形與神的二元結構，或是身與心的二元結構，道教大致上是從此二元結構入手，來建構與論述生命的體驗。肯定生命絕不是單向結構，形與神是生命的一體兩面，二者是相互依存與相輔相成，人們可以經由血肉之軀交接到無限的終極實體，同樣地也要以神聖的靈性體驗來圓滿人體的生命面向。

　　所以宗教不只重視有靈魂的身體，還強調要有精緻靈魂的身體，能證悟終極實體的靈魂身體，能與永恆本體相互聯結，即使是死亡但無形的生命依舊可以綿延不絕。道教以內在生命的體驗來超越死亡，是經由不斷自我聖化的修持過程，來突破有形軀體的外在限制，彰顯生命主體不受物質牽引的精神價值。

二、《抱朴子‧內篇》的終極生命

　　葛洪在《抱朴子‧內篇》中的神仙，是會通於人的生命真諦之中，開啟生命最為圓滿的存有價值，在終極的體驗之中確立了自我生命的存有。葛洪使用神、仙（僊）、真，作為其神仙學說的「關鍵字」，建立起他的神仙說，目的是要帶領人們在同宇宙法則的和諧之中，突破生理肉體的有形限制，契合自然的神聖秩序與道化原理，來圓滿自我完善的道德涵養與生命品質。其背後所代表的意涵，正是由老莊道家哲學轉變為宗教性道教的關鍵。原始宗

〔註41〕董芳苑：《原始宗教》（台北：長青文化公司，1985 年），頁 25。

教的古巫，是交通神人之間的溝通者，因此而有經由聖山（崑崙）、聖木（建木）的升天儀禮，形成崇拜北辰，並且有樂園基型的崑崙神話。〔註42〕所以我們若能從巫教文化的傳統，來看《莊子》書中眞人、至人的理想人格形象，及其特意要突出一種「神通」的形象、「神游」的經驗，就可以明瞭二者之間的深厚淵源與關係。〔註43〕所以《莊子》書中眞人、至人「神通」的形象，除了是一種寓言手法的運用外，經由心齋坐忘、凝神養生的修養過程中，殷商的巫教文化確實具有啓發的作用。由《莊子》書中所描述的理想人格，對神仙家產生深刻的啓發，而產生了方士化與道教化的轉變。

僊（仙）、眞諸字是道教用以建構其複雜宗教理想的關鍵字，這些描述眞人、至人、神人、仙人的詞彙，都是來自道教中人，長期累積其宗教體驗所新開展的神仙觀念。因此筆者將《抱朴子‧內篇》中與「眞人」、「至人」、「神人」、「仙人」有關的資料梳理出來，期能從中來明瞭神仙道教中的理想人格內涵、養生成仙之術、神仙特徵、神通能力及這些稱謂有無高下仙品之分。

（一）真人

在《莊子》中使用「眞人」，常與至人、神人、聖人等，代表其理想人物的性格，在《莊子》一書中「眞人」出現16次，例如《莊子‧內篇‧大宗師》說：

> 何謂眞人？古之眞人，不逆寡，不雄成，不謨士。若然者，過而弗悔，當而不自得也。若然者，登高不慄，入水不濡，入火不熱。是知之能登假於道也若此。〔註44〕

從上述可知，莊子古之眞人的理想人格形象是「不逆寡，不雄成，不謨士」，古之眞人的能力有「登高不慄，入水不濡，入火不熱」，雖然他是爲了描述「臻於至境」而使用寓言手法，形象化的一種方式，他所使用的是古老的神話素材，表現出眞人深刻的神秘經驗與能力。

雜家的《呂覽》、《淮南子》等書中都有對「眞人」的描述。《呂覽‧先己》說：

〔註42〕御手洗勝：《崑崙傳承永劫回歸》刊於《日本中國學會報》第14集，1962年。

〔註43〕莊子是殷人之後，其活動的區域與殷商的巫教文化有密切的淵源。古中國原屬原始文化圈的「薩滿教區」，薩滿——巫覡的特長就是基於巫師秘傳的訓練方式，進入一種恍惚的入神狀態，而對水火一無感覺；或是在幻覺狀態中飛翔、行天。

〔註44〕（先秦）莊周著、（清）郭慶藩編：《莊子》（台北市：藝文印書館），1968年再版，頁87。

> 凡事之本，必先治身，嗇其大寶。用其新，棄其陳，腠理遂通。精
> 氣日新，邪氣盡去，及其天年。此之謂眞人。[註45]

《淮南子‧精神訓》中說：

> 所謂眞人者也，性合於道也。故有而若無，實而若虛；處其一不知
> 其二，治其內不識其外。明白太素，無爲複樸，體本抱神，以游于
> 天地之樊。……是故眞人之所游。若吹呴呼吸，吐故內新，熊經鳥
> 伸，梟浴蝯躍，鴟視虎顧，是養形之人也，不以滑心。[註46]

以上說明已經較爲具體地描述導引行氣的修煉方法，與《莊子‧外篇》所提
及的導引之士相近，由此看來莊子的後學在當時已被認爲是與方士養生密切
相關。《淮南子》中的〈精神訓〉、〈俶眞訓〉、〈覽冥訓〉、〈本經訓〉、〈詮言訓〉
都有提到「眞人」之說，此應該與淮南王劉安府中的方士集團有關，成爲漢
朝求仙風尚的產物，「眞人」在漢代時期已經完全神仙化了。《史記‧秦始皇
本紀》中盧生說始皇曰：「眞人者，入水不濡，入火不蒸，陵雲氣，與天地久
長。」這是屬於漢代正史的史傳資料，從中可以明瞭漢人思想中的仙人形象。

　　筆者將《抱朴子‧內篇》中與「眞人」有關的資料，整理成表4－8。

表4－8：與「真人」有關的資料

序號	內　　　　　　　容	篇　名
1	世人既不信，又多疵毀，眞人疾之，遂益潛遁。	論仙
2	是以眞人但令學其道引以延年，法其食氣以絕穀，不學其土蝨與天飛也。夫得道者，上能竦身於云霄，下能潛泳於川海。	對俗
3	或曰：「願聞眞人守身煉形之術。」抱朴子曰：「深哉問也。夫始青之下月與日，兩半同昇合成一。出彼玉池入金室，大如彈丸黃如橘，中有嘉味甘如蜜，子能得之謹勿失。既往不追身將滅，純白之氣至微密，昇於幽關三曲折，中丹煌煌獨無匹，立之命門形不卒，淵乎妙矣難致詰。此先師之口訣，知之者不畏萬鬼五兵也。」	微旨
4	昔赤松子、王喬、琴高、老氏、彭祖、務成、鬱華皆眞人，悉仕於世，不便假遁。	明本
5	至於眞人作金，自欲餌服之致神仙，不以致富也。	黃白
6	況長生之道，眞人所重，可不勤求足問者哉？	袪惑

[註45] 陳奇猷校釋：《呂覽春秋校釋》（台北市：華正書局，1985年），頁144。
[註46] （漢）高誘注釋：《淮南子注釋》，頁103～105。

　　序號 1、4 中的「眞人」，指的是得道成仙之人，序號 4 中的「眞人」，如赤松子、王喬、琴高、老氏、彭祖、務成、鬱華等都是上古經過修煉而成的仙人，都在世間做過官，並沒有隱遁山林。可是序號 1 中的「眞人」，指的是中古魏晉時期的仙人，因爲避諱凡人的不信仙及詆毀，而隱遁絕跡於幽隱的山林。序號 2、3、5、6 的「眞人」，都與方士的養生之術密切相關。序號 2 的眞人，養生成仙之術是「學其道引以延年，法其食氣以絕穀」。序號 3 的眞人，養生成仙之術來自「守身煉形之術」。序號 5 的眞人，養生成仙之術是「作金，自欲餌服之致神仙」。序號 6 中的「眞人」，重視「長生之道」。《抱朴子・內篇》中「眞人」的能力有「上能竦身於云霄，下能潛泳於川海」及「不畏萬鬼五兵」。

（二）至人

　　在《莊子・內篇・齊物論》形容「至人」說：

> 至人神矣：大澤焚而不能熱，河、漢沍而不能寒，疾雷破山、風振海而不能驚。若然者，乘雲氣，騎日月，而遊乎四海之外。死生無變於己，而況利害之端乎！〔註47〕

莊子借王倪的嘴巴，精彩描寫至人的神秘經驗與能力，如「大澤焚而不能熱，河、漢沍而不能寒」及「乘雲氣，騎日月，而遊乎四海之外，死生無變於己」類似的描述，更爲外篇、雜篇所強調，是特意要突出一種「神通」的形象。像這種具有「神」力的理想人物，在《莊子》書中都具有入水不濡、入火不熱、飛翔空中、遨遊名山的高超神通。有學者認爲這些大量出現的敘述，絕非只是一種文學式的、寓言式的想像活動，而是承襲自原始的宗教與神話。

　　筆者將《抱朴子・內篇》中與「至人」有關的資料，整理成表 4-9。

表 4-9：與「至人」有關的資料

序 號	內　　　　　容	篇　名
1	是以至人消未起之患，治未病之疾，醫之於無事之前，不追之於既逝之後。	地眞
2	抱朴子曰：「余聞鄭君言，道書之重者，莫過於三皇內文五岳眞形圖也。古人仙官至人，尊秘此道，非有仙名者，不可授也。	遐覽
3	庸俗之所貴，乃至人之所賤也。	論仙
4	故至人嘿韶夏而韜藻梲。奮其六羽於五城之墟，而不煩衛蘆之衛。	暢玄

〔註47〕（先秦）莊周著、（清）郭慶藩編：《莊子》，頁 8。

序號 1 的至人，養生成仙之術是「消未起之患，治未病之疾，醫之於無事之前，不追之於既逝之後」，重視「不傷損」的原則，採取未病先防的預防對應技術。序號 3、4 的至人，習性與凡人不相同，庸俗之人所重視的，卻是至人所輕賤，所以至人對於〈韶〉、〈夏〉美樂彩飾等都棄而不用，重視追求精神的自由。《抱朴子‧內篇》中「至人」的能力有「奮其六羽於五城之墟」。

（三）神人

辟穀思想也源於方仙道的神仙方士，早在戰國《莊子‧逍遙遊》中就有描寫能行辟穀之術的神人：

> 藐姑射之山，有神人居焉；肌膚若冰雪，淖約若處子，不食五穀，
>
> 吸風飲露，乘風氣，御飛龍，而游乎四海之外。〔註48〕

這段記載了有關仙人、仙境等傳說的文字，在藐姑射山神人是「不食五穀，吸風飲露」，吸風飲露即「食氣」，不食五穀即「辟穀」。《呂氏春秋‧必己篇》：「單豹好術，離俗棄塵，不食五穀。」注曰：「不食穀實，行氣道引也。」秦漢時期，在方士之中就已經流行不食五穀的長生術，出現了一群辟穀之士。

筆者將《抱朴子‧內篇》中與「神人」有關的資料，整理成表 4-10。

表 4-10：與「神人」有關的資料

序　號	內　　　　容	篇　名
1	昔左元放於天柱山中精思，而神人授之金丹仙經	金丹
2	小餌黃金法，……服之三十日，無寒溫，神人玉女侍之	金丹、仙藥
3	黃老玄聖，深識獨見，開秘文於名山，受仙經於神人	微旨
4	又興古太守馬氏在官，有親故人投之求恤焉，馬乃令此人出外住，詐云是神人道士，治病無不手下立愈。	道意
5	子曰稱社君者，鼠也。稱神人者，伏翼也。	登涉
6	神人在傍；不施不與，一安其所；不遲不疾，……此真一之大略也。	地真
7	凡人見其小驗，便呼為神人，謂之必無所不知。不爾者，或長於符水禁祝之法，治邪有效，而未必曉於不死之道也。	袪惑

在早期的宗教思想中，神象徵一種絕對超越性的存在，或是宇宙間遍在於萬物之上的神秘不可測的現象，因而成為被崇拜的對象。「神」字雖然並非是道

〔註48〕　（先秦）莊周著、（清）郭慶藩編：《莊子集釋》，頁 28。

家所創，但是莊子卻將其轉變，作為精神修養的深刻用語，賦予「神」一種宗教修養的意義，並且對後來的神仙之說，產生了深刻的影響。所以從序號 1、2、3、6 中的神人，按照其內容來看，不只是得道成仙之人而已，還屬於葛洪神仙三品說中位階最高的天仙，所以能授人「金丹」與「仙經」，序號 4、7 說明流俗道士使用「符水禁祝之法，治邪有效」的小術來魚目混珠，詐稱神人。

（四）仙人

《莊子》書中沒有任何「仙人」或「僊人」的資料，「僊」字開始運用時，是指㬬，意指「升高」，是「遷」的古字。「僊」字是由宗教儀式中的祭儀意義轉變為「長生僊去」、「升登天庭」，以符合時代思想潮流的新意。故漢代的《說文解字》從兩漢的仙說來解說僊人變形而登天。同時又有新收的「仙」字，表示「人在山上」，《釋名》說：「老而不死曰仙」。仙者，古字「僊」，意指可以飛昇的人，因此身體能否羽化、飛昇，成為「成仙」的特質。

筆者將《抱朴子‧內篇》中與「仙人」形象有關的資料，整理成表 4－11。

表 4－11：與「仙人」形象有關的資料

序　號	內　　　　　容	篇　名
1	若夫仙人，以藥物養身，以術數延命，使內疾不生，外患不入，雖久視不死，而舊身不改，苟有其道，無以為難也。	論仙
2	豈況仙人殊趣異路，以富貴為不幸，以榮華為穢汙，以厚玩為塵壤，以聲譽為朝露，蹈炎飆而不灼，躡玄波而輕步，鼓翮清塵，風駟云軒，仰凌紫極，俯棲昆侖，行屍之人，安得見之？假令游戲，或經人間，匿真隱異，外同凡庸，比肩接武，孰有能覺乎？若使皆如郊間兩瞳之正方，邛疏之雙耳，出乎頭巔。馬皇乘龍而行，子晉躬禦白鶴。或鱗身蛇軀，或金車羽服，乃可得知耳。	論仙
3	況乎仙人居高處遠，清濁異流，登遐遂往，不返於世，非得道者，安能見聞。	論仙
4	聞之先師云，仙人或昇天，或住地，要於俱長生，去留各從其所好耳。又服還丹金液之法，若且欲留在世間者，但服半劑而錄其半。若後求昇天，便盡服之。不死之事已定，無復奄忽之慮。正復且游地上，或入名山，亦何所復憂乎？彭祖言，天上多尊官大神，新仙者位卑，所奉事者非一，但更勞苦，故不足役役於登天，而止人間八百餘年也。	對俗
5	故曰仙人服六炁，此之謂也。一日一夜有十二時，其從半夜以至日中六時為生炁，從日中至夜半六時為死炁，死炁之時，行炁無益也。	釋滯

序　號	內　　　　　容	篇　名
6	任子季服茯苓十八年，仙人玉女往從之，能隱能彰，不復食穀，灸瘢皆滅，面體玉光。陵陽子仲服遠志二十年，有子三十七人，開書所視不忘，坐在立亡。	仙藥
7	夫聖人不必仙，仙人不必聖。	辨問
8	古之仙人者，皆由學以得之，將特稟異氣耶？	極言
9	仙人入瘟疫秘禁法，思其身爲五玉。五玉者，隨四時之色，春色青，夏赤，四季月黃，秋白，冬黑。又思冠金巾，思心如炎火，大如斗，則無所畏也。又一法，思其發散以被身，一發端，輒有一大星綴之。又思作七星北斗，以魁覆其頭，以罡指前。又思五臟之氣，從兩目出，週身如云霧，肝青氣，肺白氣，脾黃氣，腎黑氣，心赤氣，五色紛錯，則可與疫病者同床也。	雜應
10	世間金銀皆善，然道士率皆貧。故諺云，無有肥仙人富道士也。	黃白
11	是以古之入山道士，皆以明鏡徑九寸已上，懸於背後，則老魅不敢近人。或有來試人者，則當顧視鏡中，其是仙人及山中好神者，顧鏡中故如人形。若是鳥獸邪魅，則其形貌皆見鏡中矣。	登涉
12	又河東蒲阪有項曼都者，與一子入山學仙，十年而歸家，家人問其故。曼都曰：在山中三年精思，有仙人來迎我，共乘龍而昇天。良久，低頭視地，窈窈冥冥，上未有所至，而去地已絕遠。龍行甚疾，頭昂尾低，令人在其脊上，危怖嶮巇。及到天上，先過紫府，金床玉幾，晃晃昱昱，真貴處也。仙人但以流霞一杯與我，飲之輒不飢渴。忽然思家，到天帝前，謁拜失儀，見斥來還，令當更自修積，乃可得更復矣。昔淮南王劉安昇天見上帝，而箕坐大言，自稱寡人，遂見謫守天廚三年，吾何人哉！河東因號曼都爲斥仙人。世多此輩，種類非一，不可不詳也。	祛惑
13	又仙經云：仙人目瞳皆方。洛中見之白仲理者，爲余說其瞳正方，如此果是異人也。	祛惑

　　序號 1、4、5、6 的仙人，養生成仙之術是：「以藥物養身，以術數延命，使內疾不生，外患不入，雖久視不死，而舊身不改」、「服還丹金液之法，若且欲留在世間者，但服半劑而錄其半」、「服六戊，其從半夜以至日中六時爲生戊，從日中至夜半六時爲死戊，死戊之時，行戊無益也。」、「服茯苓」與「服遠志」等仙藥，上述這些養生成仙之術都是神仙道教金丹派的主要成仙道法。序號 2、7、8、10 說明仙人是經由後天學習而成的，以及學習過程中的特徵。例如「古之仙人者，皆由學以得之」，並非是特稟異、不學而成的，在修煉過程中的所應具有的態度爲「以富貴爲不幸，以榮華爲穢汙，以厚玩

為塵壤，以聲譽為朝露」，因為耽於榮華富貴與厚玩聲譽，與追求仙道之方法，是適得其反的、「世間金銀皆善，然道士率皆貧。故諺云，無有肥仙人富道士也」，所以道士要能安貧樂道，才能專心致力於勤苦的修仙過程。「夫聖人不必仙，仙人不必聖」葛洪認為聖人可以分為二種，一是治世的聖人如周孔，二是得道的聖人如黃老，治世的聖人是可以就人所不及的某一特長而稱聖，故治世的聖人可以不必成仙，成仙之人也不一定要是聖人。

序號 3、4 說明仙人修煉成功之後的去處，「居高處遠，清濁異流，登遐遂往，不返於世」指仙人修煉成功之後，便升天為天仙，「仙人或昇天，或住地，要於俱長生，去留各從其所好耳。又服還丹金液之法，若且欲留在世間者，但服半劑而錄其半。若後求昇天，便盡服之。」指仙境美妙、逍遙自在，仙人或登天成為天仙、或住地成為地仙，可以隨心所欲，展現的是「悠遊自得」、「遊戲人間」的仙人生活。序號 12「有仙人來迎我，共乘龍而昇天」，從以上所述可以知道「昇天」是仙人修煉成功之後的重要表現特徵。

序號 2、13 說明仙人與凡人外貌不同、變形之處，「仙經云：仙人目瞳皆方」、「若使皆如郊閒兩瞳之正方，邛疏之雙耳，出乎頭巔。」這是從仙人的形體特徵來強調仙人不同於常人的地方，「方瞳、雙耳出乎頭巔」成為仙人形體的特徵，這是因為道經認為「耳、目」為尋真之梯級，養生之道耳目為先。序號 11「或有來試人者，則當顧視鏡中，其是仙人及山中好神者，顧鏡中故如人形。若是鳥獸邪魅，則其形貌皆見鏡中矣。」說明如何分別仙人及鳥獸邪魅，葛洪的變化思想是承繼兩漢的氣化哲學和變化學說，認為妖怪不祥是因為氣變不常、萬物反常而來的，所以和仙人雖然都是來自變化，但是仙人是正常變化，妖怪則是反常變化，從鏡子中的形貌便能分別出來。

序號 2、6、9 中說明「仙人」的神通能力有：「蹈炎飇而不灼，躡玄波而輕步，鼓翮清塵，風駟云軒，仰凌紫極，俯棲昆侖」這是轉化《莊子》書中的「入水不濡、入火不熱、飛翔空中、遨遊名山」的高超神通，葛洪承續並且加以擴展，指仙人可以在俯仰之間，凌駕於紫宮之上，以此比喻仙人精神的自由逍遙。「馬皇乘龍而行，子晉躬禦白鶴。或鱗身蛇軀，或金車羽服」，鱗身蛇軀來自「伏羲鱗身，女媧蛇軀」，就成為仙人形軀上的特徵；金車是指仙人的乘坐，羽服是指仙人以鳥羽為衣，與「乘龍而行」、「躬禦白鶴」都是用來比喻神仙的飛翔往來，是為了描述臻於至境，用各種方式的神「遊」，來表現自由自在的精神追求，因而使用寓言、形象化的文學描述手法，來表現出仙人深刻的神秘宗教性體驗

與神通。序號 6 說明「仙人」的神通能力有「仙人玉女往從之，能隱能彰，不復食穀，灸瘢皆滅，面體玉光」及「開書所視不忘，坐在立亡」。序號 9 說明「仙人」的神通能力有「入瘟疫秘禁法」，則可與疫病者同床而不受其傳染，方法是「思其身爲五玉」，這是屬於辟邪惡、度不祥的延命術數之一。

從以上針對《抱朴子·內篇》中與「眞人」、「至人」、「神人」、「仙人」有關終極生命的內涵資料梳理出來，我們可以知道神仙道教中的終極生命內涵以「仙人」最多，這是因爲葛洪要強調仙人不是異類，每個人自身都有超越的能力，可以憑藉積極性的修道，從先天的修煉理論與後天的積學之功來達成「合道通神」的終極生命人格，從外在形體的修持，有助於內在靈性的感通。神仙道教金丹派的主要成仙道法是以服食金液還丹，直接合道成仙爲最高的醫療養生步驟，其餘服食草木藥是爲了養性除病，屬於成仙的預備修養，這二者是屬於消體疾、延壽命的藥物養身之生理醫療。還有辟邪惡、度不祥的內疾不生之自我醫療及外患不入之宗教醫療。在神仙特徵方面葛洪強調「方瞳、雙耳出乎頭巔」，在神通能力方面葛洪承續《莊子》書中的高超神通並且加以擴展，鱗身蛇軀成爲仙人形軀上的特徵；金車是指仙人的乘坐，羽服是指仙人以鳥羽爲衣，與「乘龍而行」、「躬禦白鶴」都是用來比喻神仙的飛翔往來，是爲了描述臻於至境，用各種方式的神「遊」，來表現自由自在的精神追求，因而使用寓言、形象化的文學描述手法，來表現出仙人深刻的神秘宗教性體驗與神通。著重「人」的神聖能力，這是經由修道而來的主體精神體驗，所以神通不只是用來標榜外顯的神力，而是展現出「人」與「天地鬼神」合爲一體的主體性與實現性，並且深信人的生命與宇宙形上的終極實體生命（仙人）在本質上是混滲合一的，經由自力實踐說的先天修煉理論與後天的積學之功，也能實現生命的「終極價值」。

道教的仙人世界不同於儒家禮教的入世觀，也和佛教的出世觀不同，它在入世觀和出世觀的連結線上，可以說是對中國現實社會缺陷的補充，和人們世俗理想生活的延伸。所以仙人的形象是超脫了自然力量的束縛，同時也不受社會力量的約束，《神仙傳·彭祖傳》中說：

> 仙人者，或竦身入雲，無翅而飛；或駕龍乘雲，上造天階；或化爲
> 鳥獸，游浮青雲；或潛行江海，翱翔名山；或食元氣，或茹芝草；
> 或出入人間而人不識；或隱其身而莫之見。〔註49〕

〔註49〕胡守爲：《神仙傳校釋》（台北市：中華書局，2010 年），頁 54。

從此處說明，我們可以知道仙人可以在自然界任意的出現與隱身，沒有任何不可抗拒的自然力量和社會力量的壓迫，他們逍遙自在、無比幸福。

仙人的世界，作為中國現實世界的互補結構，中間經過了一個宗教理想的美學變換。道士們把人們在現實社會裏汲汲營營的欲望和生活理想，投影到天上，以仙人的標準，將之淨化和轉變，使得這些欲望和理想生活，都可以在仙人世界裏得到永久性的滿足。所以道教的仙人世界，不同於世界上其他的宗教，它不否定人們的現世利益，不以禁欲主義作為宗教的基礎，仙人的世界是對現實世界的宗教補償和人們生活欲望的虛幻延伸。〔註50〕

第五節　《抱朴子‧內篇》成仙的境界

葛洪在《抱朴子‧內篇》中的神仙，是會通於人的生命真諦之中，開啟生命最為圓滿的存有價值，在終極的體驗之中確立了自我生命的存有。目的是要帶領人們在同宇宙法則的和諧之中，突破生理肉體的有形限制，契合自然的神聖秩序與道化原理，來圓滿自我完善的道德涵養與生命品質。

神仙道教所信仰的終極實體──神仙，不是高高在上的宇宙主宰，而是時時刻刻能與人相互感通的精神存在，《抱朴子‧內篇》的神仙三品所代表終極生命的境界，是人們在宗教活動中渴望能與終極實體相交接，以作為幸福與秩序的生命泉源，在生活的過程中，不斷地用神話與儀式來表述與參與此神聖存在的終極實現，建構出和諧秩序與意義世界。所謂神話，是指語言的話語系統，是人與神聖相交的特別語言。所謂儀式，是指行為的動作系統，是人與神聖相交的特別行為。

所以神仙道教的終極生命「三品仙」境界的神話與儀式系統，可以看成是象徵終極實體──神仙存有的符號體系，將抽象的靈體與實存的人緊密地聯繫在一起，經由這些神話的傳播與儀式的被操作，使終極實體──神仙與人的生命，彼此是相互交感與溝通的，修道之人可以經由這種來自「三品仙」終極的宗教體驗，來轉變自身的生存情境。葛洪為神仙道教所建構「三品仙」終極的宗教體驗，目的在於透過此神聖力量來轉變人的生命形態，企圖在人交感天地精神的感應下，能提昇自我向善求美的內心感受。

〔註50〕胡孚琛：《道教與仙學》（北京：新華出版社，1993年），頁122～127。

一、天界說與天仙

神仙三品說原始構想源於前道教時期的宗教、神話與巫術，到了道士的手中，因為是有意識的建立其自身的仙學思想體系，故有不同的著重點，其重要的區別有三：一為前道教時期雖然也解說先死後蛻，然後舉形升虛，其重點側重在描述「巡遊名山」與「舉形升虛」的游仙過程，葛洪《抱朴子‧內篇》的神仙三品說與此時期的著重點較為接近；道教成立之後則特別強調尸解成仙，此與成仙方法的落實密切相關。二為神仙譜系的漸次完成，顯然多少受到佛教之說的影響和刺激，例如天堂說的複雜化。三為「名山之說」不但普遍存在，並且在茅山道派中被建構為「洞天說」，以華陽洞天說為其主體，凡此均為其仙道化的明證。〔註51〕由此看來在神仙三品說中，由地仙升為天仙的部分，較能維持神仙神話前後演變的軌跡，而尸解成仙則是屬於結合了漢人的地下主之說，而有更進一步的創發之處。

（一）天堂神話

從現存的原始神仙神話中來看，天堂神話是較為缺少的。這原來是北半球薩滿教區共通的宗教信仰，他們認為北極星位於天的中央，而地的中央則有通往天庭的聖山或聖木，作為升天的儀禮；而升天溝通神人之間者，則為薩滿，類此薩滿教區的宇宙觀及其宗教信仰，與早期人類活動於北半球的廣大草原密切相關。在中國古神話中，雖然較少有具備描述「北極星」的神話，但仍然保有一些「北辰信仰」的遺跡，並且與西方系的崑崙神話密切相關，崑崙在《山海經》中被稱為「帝之下都」、「眾帝所從上下」，崑崙山代表薩滿宇宙觀中的「世界大山」；「建木在都廣，眾帝所從上下」的建木代表「世界大樹」的典範。崑崙、建木都同樣「在天地之中」，古帝（兼有神巫的身份）、古巫均經由此居於天地中央的聖山、聖木來「上天下地」，此為薩滿教區的神話原型。

而北辰信仰在《楚辭‧九歌》中有東皇太一，與兩漢所盛行的「太一信仰」，都是崇拜北極星的具體表現。在中國古代蓋天的天文學說中，認為北極是天的中央，在兩漢史書以及緯書中所出現的太一信仰，例如《史記‧天官書》：「中宮天極星，其一明者，太一常居也；旁三星三公，或曰子屬。後句四星，末大星正妃，餘三星後宮之屬也。環之匡衛十二星，藩臣。皆曰紫宮。」

〔註51〕李豐楙：《仙境與游歷：神仙世界的想像》，頁19。

所以中宮是天極星，稱為紫宮，所以北極星屬於帝星，為天上宮庭，漢武帝相信太一信仰，與建太一祠，並且積極奉祀。緯書也有神秘化的紫宮，由中央的天皇大帝所掌理，藉以統御四方。在兩漢所流行的太一信仰中，將中宮天極星視為天上宮庭，表現於器物上，目前從漢代出土的墓葬品漢星雲鏡中，可以看到它以中央紐座象徵中宮天極星，環繞著東宮蒼龍、南宮朱鳥、西宮白虎、北宮玄武，這是來自星象神話與信仰所形成的一種辟邪、求福的思想。〔註52〕

由前道教時期的北辰信仰轉變為道教信仰，在《太平經》中最早出現，反應萌芽時期的融合說法：

> 吾統乃繫於地，命屬崑崙。今天師命乃在天，北極紫宮，今地當虛
> 空，謹受天之施，為弟子當順承，象地虛心，敬受天師之教。〔註53〕

從以上所述可以知道天師的身份是「天地神師」，職司溝通天地，接近於古神話中巫的角色，是交通神人、傳遞天意神的使者，所以其命與北極紫宮密切相關。

《太平經》認為：

> 聖人學不止，知天道門戶；入道不止，成不死之事，更仙；仙不止，
> 入真；成真不止，入神；神不止，乃與皇天同形。故上神人舍於北
> 極紫宮中也，與天上帝同象也。〔註54〕

《太平經》將人的等級分為九種，在仙界之中，分為仙人、真人、神人三級，所以神人是最高位階，居於北極紫宮，《太平經》將「北極紫宮」視為神人所居住的天界，同時也是屬於天帝的治所，這是上承漢代緯書的通說。類此北辰信仰在道教形成之後，太平道將其進一步宗教化，成為掌管人命的神秘處所，是天師命星的所在。而奉道之民得命在崑崙，只要法天行道，多積功德，就可以經由崑崙昇入紫宮。太平道反應了東漢中晚期的早期道教的思想，將仙、真、神等階位列為不同的次序，對於後來道教的神仙位階之說，產生影響。

（二）《抱朴子‧內篇》天仙的「紫極」所在

葛洪《抱朴子‧內篇》的天仙仙境所在，完全承襲漢人的北辰信仰，他

〔註52〕張金儀：《漢鏡所反應的神話傳說與神仙思想》（台北：故宮博物院，1981年），
　　　　頁17。
〔註53〕王明：《太平經合校》，頁81。
〔註54〕王明：《太平經合校》，頁222。

在敘述天上宮庭時，稱法眾多，例如：辰極、紫極、紫庭、紫霄等。這是來自北極光的紫色所形成的特殊稱呼，並且成爲道教的重要觀念。因此筆者將《抱朴子‧內篇》中與「北極」天上宮庭有關的資料，整理成表4－12。

表4－12：與「北極」天上宮庭有關的資料

序　號	內　　　　　　　容	篇　名
1	玄者，自然之始祖，而萬殊之大宗也。……淪大幽而下沈，凌辰極而上游。金石不能比其剛，湛露不能等其柔。	暢玄
2	辰極不動，鎮星獨東。	釋滯
3	豈況仙人殊趣異路，以富貴爲不幸，以榮華爲穢汙，以厚玩爲塵壞，以聲譽爲朝露，蹈炎飆而不灼，躡玄波而輕步，鼓翮清塵，風駟云軒，仰凌紫極，俯棲昆侖，行屍之人，安得見之？假令游戲，或經人間，匿眞隱異，外同凡庸，比肩接武，孰有能覺乎？若使皆如郊間兩瞳之正方，邛疏之雙耳，出乎頭巔。馬皇乘龍而行，子晉躬禦白鶴。或鱗身蛇軀，或金車羽服，乃可得知耳。	論仙
4	若令家戶有仙人，屬目比肩，吾子雖蔽，亦將不疑。但彼人之道成，則蹈青霄而游紫極，自非通靈，莫之見聞，吾子必爲無耳。	微旨
5	靈寶經有正機平衡飛龜授袟凡三篇，皆仙術也。吳王伐石以治宮室，而於合石之中，得紫文金簡之書，不能讀之，使使者持以問仲尼，……仲尼以視之，曰：『此乃靈寶之方，長生之法，禹之所服，隱在水邦，年齊天地，朝於紫庭者也。禹將仙化，封之名山石函之中，乃今赤雀銜之，殆天授也。』	辨問
6	夫得仙者，或昇太清，或翔紫霄，或造玄洲，或棲閬桐，聽鈞天之樂，享九芝之饌，出攝鬆羨於倒景之表，入宴常陽於瑤房之中，曷爲當侶狐貉而偶猿狄乎？所謂不知而作也。	明本

從以上所述我們可以知道葛洪將北極視爲天上宮庭，是天仙的仙境所在，同時也是天仙升騰的樂園，例如在序號 3 中「蹈炎飆而不灼，躡玄波而輕步，鼓翮清塵，風駟云軒，仰凌紫極，俯棲昆侖。」這是在描述仙人的「神游」，可以說是莊子眞人的轉化寫法。從「鼓翮清塵，風駟云軒」中我們可以看到葛洪強調身生羽毛的神仙形象，從「仰凌紫極，俯棲昆侖」中，葛洪指出了由崑崙而上升紫極的升仙歷程，由來已久道教的仙話多轉化自神仙神話。這種升遊紫極的仙人就是天仙，是葛洪神仙三品說的上品仙。在序號 4 中的「但彼人之道成，則蹈青霄而游紫極」，及在序號 6 中「夫得仙者，或昇太清，或翔紫霄」的說明，可以知道「天仙」與「北辰」的確具有密切不可

分的關係，只有成為最高品級的天仙，才能進入天上宮庭，而游紫極、翔紫霄、或朝於紫庭者。

葛洪《抱朴子・內篇・袪惑》有一段關於項曼都較為具體描述遊歷天上宮庭的景象，他說：

> 在山中三年精思，有仙人來迎我，共乘龍而昇天。良久，低頭視地，窈窈冥冥，上未有所至，而去地已絕遠。龍行甚疾，頭昂尾低，令人在其脊上，危怖嶮巇。及到天上，先過紫府，金床玉幾，晃晃昱昱，真貴處也。仙人但以流霞一杯與我，飲之輒不飢渴。忽然思家，到天帝前，謁拜失儀，見斥來還，令當更自修積，乃可得更復矣。〔註55〕

項曼都的詓語，它出自王充《論衡・道虛篇》〔註56〕，雖然是項曼都欺騙家人的話，但是並非全部是憑空捏造，其內容來自當時所流行的仙說。其中值得注意的是「修行方法」——在山中三年精思，此為精神集中的「存思術」；經由仙經的暗示，而產生「幻覺中的升仙經驗」。此段保存了漢人遊仙觀念的珍貴資料，其中敘述「及到天上，先過紫府」，要到天上必須先經過紫府，以及對天上宮庭的描繪，如「金床玉幾，晃晃昱昱，真貴處也。仙人但以流霞一杯與我，飲之輒不飢渴。」大體上來說是符合漢代神仙神話之說的。由此觀之中國古神話所構想的「白雲帝鄉」，從飄渺的雲影，隨著宮廷建築的講究，受到人間化的華麗宮殿影響，投射到天上宮庭時，便是以金銀珠玉及晃動光明的印象來呈顯。

（三）天仙的成仙類型與道行

或許是受到了魏晉品第人物風氣的影響，葛洪也建立了他的神仙三品說。葛洪《抱朴子・內篇》中，仙分為三等，最上等的是天仙，肉體可以直接白日飛昇。葛洪將北極視為天上宮庭，同時也是天仙升騰的樂園，所以「羽化」、「遊紫極」、「翔紫霄」、或「朝於紫庭者」的仙人，就是天仙，屬於葛洪三品仙中的上品。在《抱朴子・內篇》中反應出修煉成天仙的方法，雖然是以金丹為主，但是也不排斥其他的道法，而是「博採眾術」，筆者將《抱朴子・內篇》中與「天仙」有關的資料，整理成表4－13。

〔註55〕《抱朴子・內篇・袪惑》，卷20，頁350。
〔註56〕大淵忍爾：〈抱朴子研究〉《道教史研究》（岡山大學共濟會，1964年）。

表4－13：與「天仙」有關的資料

序　號	內　　　　　　　容	篇　名
1	按仙經云，上士舉形昇虛，謂之天仙。	論仙
2	人欲地仙，當立三百善；欲天仙，立千二百善。若有千一百九十九善，而忽復中行一惡，則盡失前善，乃當復更起善數耳。	對俗

從上述表格的說明，我們可以知道仙道涵養層次最高的上士，稱為天仙，也是上品仙，成仙類型是直接帶著自己的形軀昇天。從序號 2 中我們可以知道葛洪最早融合緯書《仙經》，提出為道者，當先立功德，把「功德」、「善」和「長生」相互關聯起來，勉勵修道者要多行善積德，才能成為仙人；同時「善行善功」是衡量仙品高下的標準，所以成為地仙的修行道行必須要立三百善，成為天仙的修行道行必須要立一千二百善，由此看來葛洪認為三品仙是可以相互轉化的；這個轉化的標準就是「積善行」、「累功德」。所謂「積」，指的是數量關係，善功積得越多，升仙的位置越高。因此「積善」與「除惡」是密切相關的，若作一惡事，就前功盡棄。所以葛洪的金丹派雖然成仙以服食金丹大藥為至要，但若「積善事未滿，雖服仙藥，亦無益也。若不服仙藥，並行好事，雖未便得仙，亦可無卒死之禍矣。」〔註 57〕從以上所述可以知道服食金丹大藥和積德行善，便可以順次而上修成天仙了。

《太平經》中的上、中、下三士之說，已接近於「神仙三品說」，其中的上、中、下三士之說頗能啟發稍後葛洪的神仙三品說，與天仙、地仙、尸解仙也略有異同。葛洪有使用早期道經上、中、下士之稱，藉以對應於上、中、下之仙，此為其轉化的痕跡。筆者將《抱朴子・內篇》中與「上士」有關的資料，整理成表4－14。

表4－14：與「上士」有關的資料

序　號	內　　　　　　　容	篇　名
1	世人既不信，又多疵毀，真人疾之，遂益潛遁。且常人之所愛，乃上士之所憎。庸俗之所貴，乃至人之所賤也。	論仙
2	上士舉形昇虛，謂之天仙。	論仙
3	且仙經長生之道，有數百事，但有遲速煩要耳，不必皆法龜鶴也。上士用思遐邈，自然玄暢，難以愚俗之近情，而推神仙之遠旨。	對俗

〔註57〕《抱朴子・內篇・對俗》，卷3，頁53～54。

序　號	內　　　　　　容	篇　名
4	其經曰：上士得道，昇爲天官；中士得道，棲集昆侖；下士得道，長生世間。	金丹
5	有陽譽者不能解陰罪，若以薺麥之生死，而疑陰陽之大氣，亦不足以致遠也。蓋上士所以密勿而僅免，凡庸所以不得其欲矣。	微旨
6	內寶養生之道，外則和光於世，治身而身長修，治國而國太平。以六經訓俗士，以方術授知音，欲少留則且止而佐時，欲昇騰則凌霄而輕舉者，上士也。	釋滯
7	是以眞人徐徐於民間，不促促於登遐耳。末俗偷薄，雕僞彌深，玄淡之化廢，而邪俗之黨繁，既不信道，好爲訕毀，謂眞正爲妖訛，以神仙爲誕妄，或曰惑眾，或曰亂群，是以上士恥居其中也。	明本
8	然長生之要，在乎還年之道。上士知之，可以延年除病；其次不以自伐者也。	極言
9	是以上士先營長生之事，長生定可以任意。若未昇玄去世，可且地仙人間。若彭祖老子，止人中數百歲，不失人理之懽，然後徐徐登遐，亦盛事也。	勤求
10	故仙經曰，流珠九轉，父不語子，化爲黃白，自然相使。又曰，朱砂爲金，服之昇仙者，上士也。	黃白
11	上士入山，持三皇內文及五岳眞形圖，所在召山神，及按鬼錄，召州社及山卿宅尉問之，則木石之怪，山川之精，不敢來試人。	登涉
12	河南密縣，有卜成者，學道經久，乃與家人辭去，其始步稍高，遂入云中不復見。此所謂舉形輕飛，白日昇天，仙之上者也。	至理

　　從序號 2、6、12 中我們可以知道天仙的成仙類型是「舉形昇虛」、「欲昇騰則凌霄而輕舉者」「舉形輕飛，白日昇天」，所以天仙又稱「飛仙」、「大羅金仙」，指居於天府，能舉行飛升的神仙。從序號 3、6、8、10 中我們可以知道成爲天仙的方式有：「用思遐邈，自然玄暢」、「內寶養生之道，外則和光於世」、「還年之道，可以延年除病；其次不以自伐者也」、「服用朱砂爲金」。《天仙品》稱天仙：「飛行雲中，神化輕舉，以爲天仙，亦云飛仙。」從修煉的角度來說，天仙爲修煉之最上乘。葛洪在相信神仙確實存在的基礎上，告訴世人神仙是可致可學的，通過親身切實的醫療養生操作實踐工夫，和現實生活中的行善積德，就可以得道成仙，通向不死之途。

　　從序號 4 中可以知道「上士得道，昇爲天官」，就要離開人間的一切，這會違反社會倫常秩序，因此葛洪在序號 7 中說「是以眞人徐徐於民間，不促促於登遐耳」，序號 9 中說「上士先營長生之事，長生定可以任意。若未昇玄去世，

可且地仙人閒。不失人理之懽，然後徐徐登遐，亦盛事也。」從上述可知葛洪認為先營長生之事，是最重要的，他並不急於登遐；這是因為漢晉之際流行隱逸思想，玄學名士嘗試在儒、道之間衝突中去調解，因此葛洪所建構的神仙理論，不僅為道教建立了形而上的神學基礎，同時解決了儒家的聖與道家的仙之間的矛盾與衝突。我們知道儒家的「忠孝」等倫理範疇，是對社會倫常秩序的維護；而修仙的前題是隱居山林，減少社會倫常秩序的干擾，二者常會有所抵觸。於是葛洪將忠孝仁義等儒家的倫理道德，與修道成仙相結合，甚至作為升仙的先行條件，如此求仙的個體存在傾向與盡忠盡孝的群體共存意識就相互結合在一起，仙與聖融為一體的神學思想，對後世道教影響很大。

序號 10 最能代表葛洪金丹道派的立場，服食金丹，則可以成為上士、天仙，他在《抱朴子‧內篇‧金丹》中引述《黃帝九鼎神丹經》的說法：「黃帝服之，遂以昇仙。又云，雖呼吸道引，及服草木之藥，可得延年，不免於死也；服神丹令人壽無窮已，與天地相畢，乘云駕龍，上下太清。」〔註58〕《抱朴子‧內篇‧微旨》也說：「不知黃帝於荊山之下，鼎湖之上，飛九丹成，乃乘龍登天也。」〔註59〕因為燒煉黃金、白銀成為丹藥，是葛洪金丹道的道法重心，故而將金丹服食功能視為天仙的不二法門，所以從上述兩則的說明，我們可以知道黃帝本來就是一位古神話的帝王，有各種不同的神仙神話流傳，例如服食玉膏、神游華胥氏之國等等，到了葛洪的手中，又被賦予「金丹服食」的意義。

在前述表 4－12 與「北極」天上宮庭有關的資料，序號 5 中「靈寶經有正機平衡飛龜授袟凡三篇，皆仙術也。」這是除了金丹之外，《抱朴子‧內篇》提到了《靈寶經》的服用成仙說，這《古靈寶經》應該是傳自葛玄，屬於一種飛行的仙術，來源如同道教寶貴經典的慣例，假託於吳王得自石中的「紫文金簡之書」，藉由仲尼之嘴說出「此乃靈寶之方，長生之法，禹之所服，隱在水邦，年齊天地，朝於紫庭者也。」大禹服用之後，成為天仙，朝於紫庭。《抱朴子‧內篇‧遐覽》所提到的古道經有《正機經》、《平衡經》、《飛龜振經》各一卷；另外《神仙傳》也說：「華子期者，淮南人也。師祿裏先生，受隱仙靈寶方。一曰伊洛飛龜秩，二曰伯禹正機，三曰平衡方。按合服之，日以還少，一日能行五百裏，力舉千斤，一歲十二易其行。後乃仙去。」〔註60〕

〔註58〕《抱朴子‧內篇‧金丹》，卷 4，頁 74。
〔註59〕《抱朴子‧內篇‧微旨》，卷 6，頁 129。
〔註60〕胡守為：《神仙傳校釋》，頁 154。

這些《古靈寶經》應該與緯書關係密切，葛洪極為重視，認為是可以修成天仙的寶經，所以《靈寶經》傳到葛洪從孫巢甫時，乃大量構造，成為當時重要的靈寶經派〔註61〕。

序號12的「河南密縣，有卜成者，學道經久，……此所謂舉形輕飛，白日昇天，仙之上者也。」這是流傳很久的神仙傳說，葛洪在《抱朴子・內篇》引述仲長統《昌言》，就是要強調雖然是平民，只要勤奮志誠，也可以修成神仙，並且是仙之上品的天仙。葛洪進一步指出見證人「陳元方韓元長，皆潁川之高士也，與密相近，二君所以信天下之有仙者，蓋各以其父祖及見卜成者成仙昇天故耳，此則又有仙之一證也。」〔註62〕來說明學仙是「至理」。學者余英時即以此例來說明，漢代不死之說，以逐漸由帝王轉變為平民了。〔註63〕我們分析劉向的《列仙傳》，在今本七十二人中，只有五人如黃帝、彭祖、主柱、子英、陶安公等是近於天仙的，所佔的比例是6.94%；而在葛洪的《神仙傳》，在今本七十二人中，只有十二人載明為「白日升天」如彭祖、陳世安、劉綱、樊夫人、陳永伯、董奉、陰長生、玉子張震、太玄女、馬鳴生、李少君、巫炎等是近於天仙的，所佔的比例是14.28%，上述的仙傳中，都顯示在仙人成仙的類型中，天仙的比重並不高，〔註64〕主要原因是天仙是仙之最高上之品，在漢晉之際逐漸成為一種成仙的理想，需要的是層層疊疊的修行與精進，或者是服食金丹，這在當時來說，並非易事，因而在實際的例證中，已漸稀少。此外除了古帝王如黃帝的成仙之外，又新增了平民成仙之事，反應出葛洪的仙道之想另一特色，就是學道成仙者不限於帝王，只要是平民的星命中值仙宿，又肯勤訪明師者，都是有機會的，反應出當時的神仙思想已經逐漸深入社會各個階層了。

二、名山說與地仙

地仙與名山是仙道思想的重要組成部分，其主要意義有二：一為「名山說」是道教「洞天府地」的觀念，將中國境內、境外的世界，依據道教的宗教觀點聯結設計成為一個秩序井然有序的宗教性地圖。它將飄渺的仙境，落實到中國

〔註61〕陳國符：《道藏源流考》，頁66～70。

〔註62〕《抱朴子・內篇・至理》，卷5，頁115。

〔註63〕Ying-shiu yu, "Life and Immortality in the Mind of Han China", Harvard Journal of Asiatic Study, Vo25〔1964〕.

〔註64〕宮川尚志：〈道教的神仙觀念的考察——尸解仙〉《中國宗教史研究》（京都：同朋舍，1983年），頁439～458。

境內的名山、海上島嶼中，主要的觀念是源自於神話中的地理、緯書中的洞天說，道教各派系在發展過程中，因為教義的需要，加以重新的組織，使古老的「山岳信仰」被賦予一種新意。中國的山岳信仰史，對於名山意識的形成，道教與佛教的重新的組織，可以說是居功厥偉。

　　二為「地仙說」，則形成中國人「有仙則靈」的觀念，認為天下的每一個名山，都有一個神秘的仙真來治理，這種名山將「神仙棲息」及「治理洞天」的說法，已經賦予山川一種宗教性的神秘。魏晉南北朝時期，因為政治動亂、戰爭連年，社會上崇尚「隱士」的風氣，因此山林隱逸成為修道成仙的預備階段，地仙與名山的觀念相互結合，發展成為道教思想的地上神仙說，其背後所反應的是魏晉南北朝時期文人社會的隱逸思想。

（一）西方系與東方系的名山說

　　葛洪最重視地仙說，中品地仙所棲集遊樂的名山，是以崑崙神話為原型所發展的，既是神仙棲息處所，同時也是上升天庭之處。西方系的崑崙神話雖然較為原始，但它所表現出來的特質，則具有仙山的因素：一是崑崙為北方大地的中央大山，對應於天中的北極。二是崑崙作為天地未分、創造力豐富的象徵，故而較具有仙境的條件。三是崑崙成為天地神人交通所必經之地，古巫即由此來上天下地，道教的仙說形成之後，仙人就承此崑崙山來上升天庭。

　　從神話崑崙轉變為仙話崑崙，漢代的緯書可以說是重要的過渡階段，《春秋緯命歷序》說：「天地開闢，萬物渾渾，無知無識，陰陽所恣，天體始於北極之野，地形起於昆侖之墟……」說明以北極為天的原始，所對應的位置是天的中央；以崑崙為地的原始，所對應的位置是地的中央。《紫閣圖》則有升仙說：「太一，黃帝皆天上仙，張樂昆侖、虔山之上。」太一是漢代郊祀的主要對象，漢武帝封禪泰山，是來基於崑崙等仙山為上仙之山的同一構想。東漢張衡的《七辨》就用文學式的筆法來描寫升仙說：

> 依衛子曰：若夫赤松、王喬、羨門、安期噓吸沆瀣，飯醴茹芝，駕應龍，載行雲……上遊紫宮，下棲崑崙，此神仙之麗也。〔註65〕

從以上所述，我們可以知道在漢人的傳說中，崑崙就成為上仙必經之處。在此文學式的筆法中，保留崑崙為上升紫宮的神仙之山的傳統，也成為漢人典型的通說。

〔註65〕　（東漢）張衡著、張震澤校注：《張衡詩文集校注》（上海：古籍出版社，1986年），頁300。

　　道經《太平經》吸收了民間的崑崙傳說，進一步將其與「神仙錄籍」做結合，而賦予「崑崙說」新意。首先在卷九十三說：「天者以中極爲最高者爲君長，地以崑崙墟爲君長。」〔註66〕此說法是屬於「大地中央說」，此外強調昇天必須由崑崙的說法，則有錄籍之說：

> 惟上古得道之人亦自法度，爲生有錄籍，錄籍在長壽之文。……當升之時，傳在中級，中級一名昆侖。〔註67〕

> 神仙之錄在北極，相連昆侖，昆侖之墟有眞人昆侖，上下有常。眞人主有錄籍之人，姓名相次：高明得高、中得中、下得下，殊無捭頦乞勾者。〔註68〕

由以上所述可以知道錄籍、神仙錄籍等說法，相信成仙與星命有關，以此來勉勵道民遵守道誡，就能命登錄籍，長壽而得仙，而崑崙則是上昇北極所經由的聖山。

（二）《抱朴子‧內篇》的「昆侖」仙境所在

　　葛洪在《抱朴子‧內篇》中的地仙，即中品仙，將「游於名山」與「棲集昆侖」對舉，由此看來「昆侖」是地仙的仙境所在，筆者將《抱朴子‧內篇》中與「昆侖」有關的資料，整理成表4−15。

表4−15：與「昆侖」有關的資料

序　號	內　　　　　　　容	篇　名
1	蹈炎飈而不灼，躡玄波而輕步，鼓翮清塵，風駟云軒，仰凌紫極，俯棲昆侖。	論仙
2	夫飲玉臺則知漿荇之薄味，睹昆侖則覺丘垤之至卑。既覽金丹之道，則使人不欲復視小小方書。然大藥難卒得辦，當須且將禦小者以自支持耳。	金丹
3	中士得道，棲集昆侖。	金丹
4	所謂抱螢燭於環堵之內者，不見天光之焜爛；侶鮋鰕於跡水之中者，不識四海之浩汗；重江河之深，而不知吐之者昆侖也。	明本
5	仙經曰：九轉丹，金液經，守一訣，皆在昆侖五城之內，藏以玉函，刻以金札，封以紫泥，印以中章焉。	地眞

〔註66〕王明：《太平經合校》，頁384。
〔註67〕王明：《太平經合校》，頁532。
〔註68〕王明：《太平經合校》，頁583。

序　號	內　　　　　容	篇　名
6	成都太守吳文，說五原有蔡誕者，好道而不得佳師要事……，因欺家云，吾未能昇天，但爲地仙也。又初成位卑，應給諸仙先達者，當以漸遷耳。向者爲老君牧數頭龍，一班龍五色最好，是老君常所乘者，令吾守視之，不勤，但與後進諸仙共博戲，忽失此龍，龍遂不知所在。爲此罪見責，送吾付昆侖山下，薈鋤草三四頃，並皆生細，而中多荒穢，治之勤苦不可論，法當十年乃得原。會偓佺子王喬諸仙來按行，吾守請之，並爲吾作力，且自放歸，當更自修理求去，於是遂老死矣。初誕還云，從昆侖來，諸親故競共問之，昆侖何似？答云：天不問其高幾裏，要於仰視之，去天不過十數丈也。上有木禾，高四丈九尺，其穗盈車，有珠玉樹沙棠琅玕碧瑰之樹，玉李玉瓜玉桃，其實形如世間桃李，但爲光明洞徹而堅，須以玉井水洗之，便軟而可食。每風起，珠玉之樹，枝條花葉，互相扣擊，自成五音，清哀動心。吾見謫失志，聞此莫不愴然含悲。又見昆侖山上，一面輒有四百四十門，門廣四里，	袪惑
	內有五城十二樓，樓下有青龍白虎，蝾蛇長百餘裏，其中口牙皆如三百斛船，大蜂一丈，其毒煞象。又有神獸，名獅子辟邪、三鹿焦羊，銅頭鐵額、長牙鑿齒之屬，三十六種，盡知其名，則天下惡鬼惡獸，不敢犯人也。其神則有無頭子、倒景君、翕鹿公、中黃先生、與六門大夫。張陽字子淵，浹備玉闕，自不帶老君竹使符左右契者，不得入也。五河皆出山隅，弱水繞之，鴻毛不浮，飛鳥不過，唯仙人乃得越之。	

　　從序號 3 中我們可以知道中士得道而成爲地仙，其樓集之處有昆侖。所以崑崙是「仙府」，地仙最常的棲息處所。從序號 1 中我們可以知道崑崙也同時是仙人要上升天上宮庭必須經過之處。由此可見「崑崙」的重要性，所以在序號 5 中，仙經就提到：「九轉丹，金液經，守一訣，皆在昆侖五城之內，藏以玉函，刻以金札，封以紫泥，印以中章焉」，九轉丹，金液經，守一訣都是成爲仙人的至重要法，故藏在重要的仙府崑崙山中，並且是用愼重的「藏以玉函，刻以金札，封以紫泥，印以中章焉」方式，來藏之，此爲道教仙話的敘述模式。

　　序號 6 雖然是蔡誕的荒謬之言，但是其中仍然有三點值得注意之處：一爲「老君」牧數頭龍於崑崙山，仙品位階是地仙。二是文中所描繪的崑崙景象「天不問其高幾裏，要於仰視之，去天不過十數丈也。上有木禾，高四丈九尺，其穗盈車，有珠玉樹沙棠琅玕碧瑰之樹，玉李玉瓜玉桃，其實形如世間桃李，但爲光明洞徹而堅，須以玉井水洗之，便軟而可食。每風起，珠玉之樹，枝條花葉，互相扣擊，自成五音，清哀動心。」應該得自《山海經‧海內西經》：「崑崙之墟，方八百里，高萬仞。上有木禾，長五尋，大五圍。面有九井，以玉爲

檻。面有九門，門有開明獸守之，百神之所在。在八隅之巖，赤水之際，非仁羿莫能上岡之巖。……開明北有視肉、珠樹、文玉樹、玗琪樹、不死樹。鳳凰、鸞鳥皆載蔽。又有離朱、木禾、柏樹、甘水、聖木、曼兌，一日挺木牙交。」〔註69〕三為不帶老君「竹使符左右契者，不得入也」的符契，《老子想爾注》中有左右契，老君竹使符也與天師道的道法有關。天師道的《老子想爾注》承襲漢人的崑崙觀念，並且將老子神格化為「太上老君」，而說：

一者，道也……一散形為氣，聚形為太上老君，常治崑崙。〔註70〕

崑崙為太上老君的常治之所，是吸收來自五斗米道派的傳統仙說。崑崙在道經中不一定是實指升仙之山，有時也用以指冥思身神的道法。從上述與「昆侖」有關的資料說明中，可以明白知道「崑崙」為地仙所棲集之山，同時也是上升紫宮神仙之山的傳統，仍然保存在魏晉南北朝前後的道經中。

古神話中的仙山神話，有西方崑崙系統和東方蓬萊系統，這二者的差別在：崑崙為地仙棲集之所，因距離天的中央北極較近，所以成為神仙升入紫宮的必經之處，就產生了上述有關「崑崙」仙境的描寫，是一個「五河皆出山隅，弱水繞之，鴻毛不浮，飛鳥不過，唯仙人乃得越之。」有各種神獸、自然環境的層層把關的嚴肅仙境。然而蓬萊卻是遠在東海上的仙島，反而充滿逍遙自在的情緒。

（三）《抱朴子・內篇》地仙的「名山」所在

名山是中士地仙的棲集所在，除了西方崑崙系統和東方蓬萊系統之外，又新增了許多源於山岳崇拜的名山，顯示神仙神話的仙山系統，已逐漸落實於中國境內。筆者將《抱朴子・內篇》中與「名山」有關的資料，整理成表4－16。

表4－16：與「名山」有關的資料

序　號	內　　　　　容	篇　名
1	聞之先師云，仙人或昇天，或住地，要於俱長生，去留各從其所好耳。又服還丹金液之法，若且欲留在世間者，但服半劑而錄其半。若後求昇天，便盡服之。不死之事已定，無復奄忽之慮。正復且游地上，或入名山，亦何所復憂乎？	對俗
2	昔左元放於天柱山中精思，而神人授之金丹仙經，會漢末亂，不遑合作，而避地來渡江東，志欲投名山以修斯道。	金丹

〔註69〕　袁柯：《山海經校釋》（上海：古籍出版社，1985年），頁226。
〔註70〕　饒宗頤：《老子想爾注校箋》（香港：蘇記書莊1956年），頁13。

序　號	內　　　　　　容	篇　名
3	合丹當於名山之中，無人之地，結伴不過三人，先齋百日，沐浴五香，致加精潔，勿近穢污，及與俗人往來。	金丹
4	金液太乙所服而仙者也，不減九丹矣，……老子受之於元君，元君曰，此道至重，……不得與俗人相往來，於名山之側，東流水上，別立精舍，百日成，服一兩便仙。若未欲去世，且作地水仙之士者，但齋戒百日矣。若求昇天，皆先斷穀一年，乃服之也。若服半兩，則長生不死，萬害百毒，不能傷之，可以畜妻子，居官秩，任意所欲，無所禁也。若復欲昇天者，乃可齋戒，更服一兩，便飛仙矣。	金丹
5	古之道士，合作神藥，必入名山，不止凡山之中，正爲此也。又按仙經，可以精思合作仙藥者，有華山泰山霍山恆山嵩山少室山長山太白山終南山女幾山地肺山王屋山抱犢山安丘山潛山青城山娥眉山綏山云臺山羅浮山陽駕山黃金山鱉祖山大小天臺山四望山蓋竹山括蒼山，此皆是正神在其山中，其中或有地仙之人。	金丹
6	若不得登此諸山者，海中大島嶼，亦可合藥。若會稽之東翁洲亶洲紵嶼，及徐州之莘莒洲泰光洲鬱洲，皆其次也。今中國名山不可得至，江東名山之可得住者，有霍山，在晉安；長山太白，在東陽；四望山大小天臺山蓋竹山括蒼山，並在會稽。	金丹
7	余所以絕慶吊於鄉黨，棄當世之榮華者，必欲遠登名山，成所著子書，次則合神藥，規長生故也。	金丹
8	開秘文於名山，受仙經於神人。	微旨
9	石芝者，石象芝生於海隅名山。石桂芝……，生名山石穴中。樊桃芝……，生於名山之陰，東流泉水之土。欲求芝草，入名山，必以三月九月，此山開出神藥之月也。	仙藥
10	此乃靈寶之方，長生之法，禹之所服，隱在水邦，年齊天地，朝於紫庭者也。禹將仙化，封之名山石函之中，乃今赤雀銜之，殆天授也。	辨問
11	開山符以千歲藥名山之門，開寶書古文金玉，皆見秘之。	登涉
12	登名山渡江海敕地神法三卷	遐覽
13	道書之重者，莫過於三皇內文五岳眞形圖也。古人仙官至人，尊秘此道……，諸名山五岳，皆有此書，但藏之於石室幽隱之地，應得道者，入山精誠思之，則山神自開山，令人見之。	遐覽
14	淺薄之徒，率多誇誕自稱說……，乃云，已登名山，見仙人。	袪惑

從序號 5 中我們可以知道仙經說：可以精思合作仙藥者的名山有「華山泰山霍山恆山嵩山少室山長山太白山終南山女幾山地肺山王屋山抱犢山安丘山潛山青城山娥眉山緩山云臺山羅浮山陽駕山黃金山鱉祖山大小天臺山四望山蓋竹山括蒼山」，原因是這些名山都有「正神在其山中，其中或有地仙之人」。序號6說：若不得登此諸山，「海中大島嶼，亦可合藥」。例如：會稽之東翁洲亶洲紵嶼，及徐州之莘莒洲泰光洲鬱洲，皆其次也。由於魏晉戰爭頻繁，有時中國名山不可得至，「江東名山之可得住者，有霍山，在晉安；長山太白，在東陽；四望山大小天臺山蓋竹山括蒼山，並在會稽。」

序號 2、8、10、11、12、13 可以相互參看，「開秘文於名山，受仙經於神人」，所以左元放於天柱山中精思時，碰到「神人授之金丹仙經」，而靈寶之方是長生之法，禹服用後，能年齊天地並且朝於紫庭。禹將仙化時，將此寶經「封之名山石函之中」、「開山符以千歲藥名山之門，開寶書古文金玉，皆見秘之」，所以名山五岳，常有重要的開寶書古文金玉、道書《三皇內文》、《五岳真形圖》等，都「藏之於石室幽隱之地，應得道者，入山精誠思之，則山神自開山，令人見之。」由此可知修仙要在「名山」的重要性，它既是地仙常棲集之所，又是神人與重要的道書隱藏之處。序號3、5說得是「古之道士，合作神藥，必入名山」，所以名山也是合丹藥的重要之地。從序號9中我們可以知道「石象芝生於海隅名山」，「欲求芝草，入名山，必以三月九月，此山開出神藥之月也。」從序號7中我們可以知道葛洪進入名山為了，「必欲遠登名山，成所著子書，次則合神藥，規長生故也。」從以上說明中，我們可以知道葛洪將來自古代的山岳崇拜，賦予了許多的新意，成為一種新的綜合仙山說。

（四）地仙的成仙類型與道行

仙道涵養較次的中士，稱為地仙，是雲遊在名山之間，是神仙中的中等仙人；無神通力之仙，有神仙之才，無神仙之名分。得長生不死，而在陸地的名山島嶼作遊閑之仙，為仙品中之中乘。《秘要經》認為：「立三百善功，可得存為地仙，居五岳洞府之中。」從修煉的角度上來看，地仙屬於修煉得中乘。此時已經能夠在長壽的基礎上證到長生，但是尚無神通變化可言，所以只能在地上行走。此時仍有呼吸和飲食，故形質未能全部化為輕清，但是修煉至此，容光煥發、步履輕盈、壽增無量。筆者將《抱朴子‧內篇》中與「中士」有關的資料，整理成表 4－17，與「地仙」有關的資料，整理成表 4－18。

表4－17：與「中士」有關的資料

序　號	內　　　　　容	篇　名
1	按仙經云，……中士游於名山，謂之地仙。	論仙
2	其經曰：上士得道，昇爲天官；中士得道，棲集昆崙；下士得道，長生世間。	金丹
3	或云：上士得道於三軍，中士得道於都市，下士得道於山林，此皆爲仙藥已成，未欲昇天，雖在三軍，而鋒刃不能傷，雖在都市，而人禍不能加，而下士未及於此，故止山林耳。不謂人之在上品者，初學道當止於三軍都市之中而得也，然則黃老可以至今不去也。	明本
4	故仙經曰，流珠九轉，父不語子，化爲黃白，自然相使。又曰，朱砂爲金，服之昇仙者，上士也；茹芝導引，咽氣長生者，中士也；餐食草木，千歲以還者，下士也。	黃白

表4－18：與「地仙」有關的資料

序　號	內　　　　　容	篇　名
1	中士游於名山，謂之地仙。	論仙
2	人欲地仙，當立三百善。	對俗
3	以金液爲威喜巨勝之法，取金液及水銀一味合煮之，……名曰丹金。以塗刀劍，辟兵萬里。以此丹金爲盤碗，飲食其中，令人長生。以承月日得液，如方諸之得水也，飲之不死。以金液和黃土，內六一泥匭中，猛火炊之，盡成黃金，中用也，復以火炊之，皆化爲丹，服之如小豆、可以入名山大川爲地仙。	金丹
4	抱朴子曰：其次有餌黃金法，雖不及金液，亦遠不比他藥也。……，皆地仙法耳。	金丹
5	是以古之道士，合作神藥，必入名山，不止凡山之中，正爲此也。又按仙經，可以精思合作仙藥者，有華山泰山霍山恆山嵩山少室山長山太白山終南山女幾山地肺山王屋山抱犢山安丘山潛山青城山娥眉山綏山云臺山羅浮山陽駕山黃金山鱉祖山大小天臺山四望山蓋竹山括蒼山，此皆是正神在其山中，其中或有地仙之人。	金丹
6	小餌黃金法，煉金內清酒中，……，服之三十日，無寒溫，神人玉女侍之，銀亦可餌之，與金同法。服此二物，能居名山石室中者，一年即輕舉矣。止人間服亦地仙，勿妄傳也。	金丹
7	黃檀桓芝者，千歲黃，木下根有如三斛器，去本株一二丈，以細根相連狀如縷，得末而服之，盡一枚則成地仙不死也。	仙藥
8	玉亦仙藥，但難得耳。玉經曰：服金者壽如金，服玉者壽如玉也。又曰：服玄眞者，其命不極。玄眞者，玉之別名也。令人身飛輕舉，不但地仙而已。然其道遲成，服一二百斤，乃可知耳。	仙藥

序　號	內　　　　　容	篇　名
9	又銀但不及金玉耳，可以地仙也。服之法，以麥漿化之，亦可以朱草酒餌之，亦可以龍膏煉之，然三服，輒大如彈丸者，又非清貧道士所能得也。	仙藥
10	是以上士先營長生之事，長生定可以任意。若未昇玄去世，可且地仙人閒。若彭祖老子，止人中數百歲，不失人理之懽，然後徐徐登遐，亦盛事也。	勤求
11	成都太守吳文，說五原有蔡誕者，好道而不得佳師要事，……其家問之，從何處來，竟不得仙邪？因欺家云，吾未能昇天，但爲地仙也。又初成位卑，應給諸仙先達者，當以漸遷耳。	袪惑

　　從表 4－6 序號 1、2 可以知道中士得道，棲集昆侖，或者游於名山，謂之地仙。能不死、長住人間者，就是地仙，通常都棲集於各名山勝境。只有序號 3 比較特別，不在名山，而在都市，「中士得道於都市，下士得道於山林，此皆爲仙藥已成，未欲昇天，雖在三軍，而鋒刃不能傷，雖在都市，而人禍不能加」。這是葛洪「朝隱」的觀念，也是六朝隱逸詩所說的「大隱隱於市」，這是因爲魏晉南北朝有「名教與自然」、「出仕與隱遁」的論辯課題，成爲當時知識份子心中的一大課題，道教中人的思想，源自道家、隱士、方士的影響，葛洪曾經多以儒家入世的態度進入仕途，因而有「中士得道於都市」的說法。從「此皆爲仙藥已成，未欲昇天，雖在三軍，而鋒刃不能傷，雖在都市，而人禍不能加」的說法，更可以看到葛洪調停衝突的用心。因爲魏晉政途黑暗，名士少有能全者，加上戰爭頻繁，因此葛洪提出仙藥已成後，可以先不必急著昇天，在人世間盡一份心力，此時因有「仙藥」的加持，在軍中可避免鋒刃之傷，在官場也可避免人禍。由此可以看出葛洪外儒內道的思想，及其調停儒、道衝突的用心。

　　地仙的修行方式有：表 4－6 序號 4 的「茹芝導引，咽氣長生」、表 4－7 序號 3、4、6、7、8、9 的「以金液和黃土，內六一泥甌中，猛火炊之，盡成黃金，中用也，復以火炊之，皆化爲丹，服之如小豆、可以入名山大川爲地仙。」、「餌黃金法」、「小餌黃金法」、「黃檀桓芝者」、「服玄眞者，其命不極。玄眞者，玉之別名也」、「又銀但不及金玉耳，可以地仙也」。葛洪的金丹道派認爲：靠行氣導引而長生不死的地仙，可以在名山遨遊，金丹大藥雖能成爲最高的天仙，但是不容易在短時間內置辦妥當，所以其他的黃白術及服食仙藥之法也不可不知，只有序號 3 是屬於內疾不生的自我

醫療，其他五種則是屬於藥物養身的生理醫療，從此處更可以顯示出「金丹道派」的特色，及葛洪生命修煉的內秘世界是豐富的，身體煉養的方法是多樣性的。

　　從序號 10「上士先營長生之事，長生定可以任意。若未昇玄去世，可且地仙人閒。若彭祖老子，止人中數百歲，不失人理之懽，然後徐徐登遐，亦盛事也。」的說明中可以知道地仙，反而充滿逍遙自在的情緒，他可以在人間先享受人理之懽，像彭祖、老子，然後再慢慢登遐進階爲天仙。故《抱朴子・內篇・對俗》說：

> 得道之士，呼吸之術既備，服食之要又該，掩耳而聞千里，閉目而見將來，或委華駟而鸞蛟龍，或棄神州而宅蓬瀛，或遲回於流俗，逍遙於人間，不便絕跡以造玄虛，其所尚則同，其逝止或異，何也？〔註71〕

葛洪將蓬瀛作爲地仙逍遙自在的仙山，並且假藉彭祖之口來闡述他所建構的地仙逍遙理想的境界，「彭祖言，天上多尊官大神，新仙者位卑，所奉事者非一，但更勞苦，故不足役役於登天，而止人間八百餘年也。」由此觀之「止於人間」就是地仙，可以自己決定止於人間的長短；雖然天仙是上品仙，但是進入天仙後，是有仙籍、仙籙的，所以新得仙者位卑，如同人間官場一樣，「所奉事者非一，但更勞苦」，還比不上地仙的自在、逍遙、隱遁的哲學。葛洪將現實社會的仕與隱之調停，反映於神仙思想中，成爲地仙「逍遙、隱遁」的性格，也是三品仙中最理想的典型。

　　特別值得注意的是金丹道派的特色，在服用金丹大藥藥劑的分量時，可以靈活運用，自己據此來決定何時止於人間爲地仙，或升騰紫宮爲天仙，如此更能顯示出人們所關注的生存狀況，在現實世界中，常受到社會的壓迫而無法達成；因此在神仙世界中，特別投射爲逍遙自在的精神追求。例如表 4－5 的序號 1 及序號 4 所說：

> 聞之先師云，仙人或昇天，或住地，要於俱長生，去留各從其所好耳。又服還丹金液之法，若且欲留在世間者，但服半劑而錄其半。若後求昇天，便盡服之。不死之事已定，無復奄忽之慮。正復且游地上，或入名山，亦何所復憂乎？〔註72〕

〔註71〕《抱朴子・內篇・對俗》，卷3，頁52。
〔註72〕《抱朴子・內篇・對俗》，卷3，頁52。

> 金液太乙所服而仙者也，不減九丹矣，……老子受之於元君，元君
> 曰，此道至重，……，服一兩便仙。若未欲去世，且作地水仙之士
> 者，但齋戒百日矣。若求昇天，皆先斷穀一年，乃服之也。若服半
> 兩，則長生不死，萬害百毒，不能傷之，可以畜妻子，居官秩，任
> 意所欲，無所禁也。若復欲昇天者，乃可齋戒，更服一兩，便飛仙
> 矣。〔註73〕

從上述說明可以知道，這是將尋求「個體自由」與「金丹服食」巧妙相互結合之後的神奇說法，反映出肯定人世間的欲望，重視隱逸逍遙的傾向。地仙與天仙之間，既無世間人的苦惱如時空、欲望的大限，又不必進入天上宮殿備受官規的羈絆。去留任意、逍遙自在，是神仙的「遊戲性格」，《莊子》書中所強調「遊」的精神，被遊仙文學所轉化，成為以神仙為隱喻的仙遊，所以「遊地上」、「遊名山」都是遊仙的方式。

　　漢晉之際流行隱逸思想，表現在文學中則有隱逸詩的寫作〔註74〕，與隱逸文學的產生。葛洪是文人道士，生處於隱逸的潮流中，撰寫《抱朴子》時以內篇為道家外篇為儒家，顯示其思想中有重視隱逸的傾向。〔註75〕葛洪將隱逸意識貫通於三品仙之說，同時也深受當時仙真神話地仙說的影響。歸納來說葛洪受地仙觀念的啟發，又將隱逸思想貫注於他所撰寫的三品仙說之中。〔註76〕他將尋求「個體自由」與「金丹服食」巧妙結合的神奇說法，就是金丹道派的「地仙之說」，表現既有仙人身份又能和世俗之人「和光同塵」的生活在一起，〈論仙〉特別強調地仙的遊戲性格：「或經人間，匿真隱異，外同凡庸，比肩接武」，不必一定要如：郊間的兩瞳正方，邛疏的雙耳特長等，來表現神仙特異的形象，可以是「真人不露相」，即外在形象與世俗之人全同，而其修養已是神仙之境，就是源於葛洪的這類思想，將道家哲學予以神仙化。在道教的人生哲學建立上，葛洪完成其理論，並且示之以例證；此一境界接近仙隱思想，表現的是「避世隱逸」的人生哲學。因此「隱遁仙人」指的是地仙，是不願意為仙官，寧為地仙而逍遙於天下的名山，是最能得到「遊仙之樂」的仙品。葛洪將魏晉時期的隱逸思想極端美化，並且融入仙道的思想

〔註73〕《抱朴子‧內篇‧金丹》，卷4，頁83。

〔註74〕參閱王瑤：〈論希企隱逸之風〉《中古文人生活》（台北：長安出版社，1974年）。

〔註75〕村上嘉實：〈隱逸〉《六朝思想史研究》（京都：平樂寺書店，1974年）。

〔註76〕余遜：〈早期道教之政治信念〉《輔仁學志》，第12卷1～2期，1943年。

中；因此形成了中國人心目中理想的神仙生活：遊戲人間、逍遙自在、或棲名山、或升太清。所以葛洪心目中理想的仙人，並不是完全脫離人間飛升天上的天仙，而是肉體長生不死，永享人間富貴榮華的地仙，這一類的仙人更符合魏晉以來當時世家社會階級，追求神仙不死所期待的形象。

三、尸解仙與地下主

尸解仙是道教成仙之說中，至魏晉時期發展得最爲完備的仙說，也是最能表現道教對生死觀的看法，代表中華民族以較爲神秘的宗教理念解脫死亡的難題。尸解仙常與地下主之說結合，源於中國古代巫教的一種咒術性信仰，與原始宗教的關係非常密切。來自中國古代巫教蟬蛻、蛇解的咒術性思想到戰國、兩漢時期，即爲神仙思想所吸收，成爲尸解變化說的基本理論。道教成立後，吸收早期道教的尸解說予以精純化、理論化。

（一）尸解變化的來源與理論

尸解仙源於中國古代巫教的一種咒術性信仰，與原始宗教的關係非常密切。原因有三：一根據英國人類學家傅萊則（Sir Trazer）在其《不死信念》（The Belief in Immortality）中，將原始民族死亡起源的神話，歸納爲：傳消息類型、月亮盈虧類型、蛇蛻皮類型及香蕉樹類型，共四種類型。其中蛇蛻皮類型的觀念，是來自原始人觀察蛇或蜥蜴等脫皮的現象，以爲蛇或蜥蜴等蛻皮之後，可以獲得新生命，因此復活不死。〔註77〕二有學者研究古代社會，從地下發掘物的研究，認爲古代有蛇崇拜，原始民族信仰蛇爲死者的化身，相信蛇蛻皮後，可以獲得新生活力而不死，故蛻皮即代表「永生」。三在中國古代也存在類似的咒術性思考，從考古所出土的文物中，發現有玉蟬、石蟬等陪葬物品，這些陪葬物品是基於「蟬蛻」的咒術性思考，以祈求死者再生的不死信仰。

原始宗教的循環生命觀，大量保留在變形神話中，認爲死亡與再生是人的生命順應宇宙的自然節律，肯定生命是可以經由死亡而更新，生與死的界限沒有明確地被切割開，彼此是緊密的相互交織，再生未必是以人的形態來展現，可以將靈性延伸到其他物類上，形成生命擴充與轉移的觀念，理解到人的靈性是可以永恆與超越的存在。從女媧化爲精衛、夸父化爲鄧林的變形

〔註77〕杜而未：《崑崙文化與不死觀念》（台北：台灣學生書局，1977年）。

神話中，可以知道死亡不是靈性生命的結束，可以經由外在形式的轉換而再生，發展出「生命一體化」的觀念。人與萬物所有生命的形式，都是可以相聯繫的，死亡只是意謂著形體的改變，彼此的生命是統一的，可以展現在無數的客觀形態中，處處感受到來自宇宙的動力與節律。〔註78〕

　　來自中國古代巫教蟬蛻、蛇解的咒術性思想到戰國、兩漢時期，即為神仙思想所吸收，成為尸解變化說的基本理論。《淮南子・精神訓》中說：

> 夫至人倚不拔之柱，行不關之途，稟不竭之府，學不死之師。無往而不遂，無至而不通。生不足以掛志，死不足以幽神，屈伸俯仰，抱命而婉轉。禍福利害，千變萬紾，孰足以患心！若此人者，抱素守精，蟬蛻蛇解，游於太清，輕舉獨往，忽然入冥。〔註79〕

從上述說明可以知道至人學不死之師，抱素守精，蟬蛻蛇解，而能游於太清輕舉獨往。因此「蟬蛻蛇解」就成為成仙的象徵，這種神仙象徵多見於文學作品中，於是成為一種仙化的隱喻；仲長統以「蟬蛻亡殼，騰蛇棄鱗」為變化成仙，因為蛻形所產生的變化，相信存在一種超越形體的靈魂，之後就成為一種文學上的成仙象徵。例如嵇康的〈遊仙詩〉提到：「服食改仙容，蟬蛻棄穢累。」

　　東漢的王充雖然富有批判的精神，他在《論衡・道虛》中說：

> 世學道之人，無少君之壽，年未至百，與眾俱死，愚夫無知之人，尚謂之尸解而去，其實不死。所謂「尸解」者，何等也？謂身死精神去乎？謂身不死得免去皮膚也？如謂身死精神去乎？是與死無異，人亦仙人也。如謂不死免去皮膚乎？諸學道死者，骨肉具在，與恆死之尸無以異也。夫蟬之去復育，龜之解甲，蚿之脫皮，鹿之墮角，殼皮之物解殼皮，持骨肉去，可謂尸解矣。今學道而死者，尸與復育相似，尚未可謂尸解。何則？案蟬之去復育，無以神於復育，況不相似復育，謂之尸解，蓋復虛妄失其實矣。〔註80〕

王充認為當時的仙說為虛，是因為他對一些生物的現象進行觀察，認為人脫去尸骸後，並不能像一些生物一樣可以獲得再生，主要原因是無法證明「神」

〔註78〕康韻梅：《中國古代死亡觀之探究》（台北：國立台灣大學出版委員會，1994年），頁16。

〔註79〕（漢）高誘注釋：《淮南子注釋》，頁106～107。

〔註80〕楊寶忠：《論衡校箋》（石家莊：河北教育出版社，1999年），287。

是否還存在，因此以尸解成仙為虛妄。但是從上文的敘述中，我們可以知道在漢代尸解成仙的思想是極為盛行的，神仙家通常以蟬蛻、蛇解隱喻尸解成仙。

地下主之說為漢人通行的見解，馬王堆二號墓、鳳凰山漢墓出土的文物中，都有地下丞、主的記載，其為地下世界的主宰者。《太平經》保留漢人地下審判的遺說，認為新死之人歸地下悉問其生時所作為，是否有過；而學道者魂神居地下則不受譴責。由此看來漢代確有人死歸地下，經由審判後，判定其去向的通俗信仰。天師道也有天、地、水三官，主司人間功過的審判，而學道者則可以免除。《老子想爾注》在解釋「沒身不殆」時，就說「太陰道積，鍊形之宮也。世有不可處，賢者避去，託死過太陰中，而復一邊生像，沒而不殆也。俗人不能積善行，死便真死，屬地官去也。」〔註 81〕太陰鍊身形，為賢者託死復生的方式，神仙家視此為尸解的現象。

道教成立後，沒有採用王充的合理主義態度，而是吸收早期道教的尸解說予以精純化；例如東漢末的《老子銘》中提到：「存想丹田，太一紫房。道成身化，蟬蛻渡世」〔註 82〕此為當時廣泛流行的通說，尚未有意識地去建構一個有系統的觀念。在中國煉丹術發展的不同時期內，都相信看似死亡、或暫時死亡的昏迷狀態，或某種意義的真正死亡，可能是達到長生不朽的必經之道。真正有系統去建構尸解思想的道派是上清經派，《真誥》所錄存的資料中有提及「劍經」，此即為與劍解有關的尸解經，陶弘景所撰的《太清經》應該也與尸解有關。敘述解脫成仙有不同的方法消逝於大氣中，甚至可以死亡多次，外表死去而埋葬後仍保留若干活力，死後徹底分解，或是死後不腐爛。〔註 83〕尸解仙說可以說是由上清洞真系的道經所整理、建構以及流傳的，故要明確了解六朝時期的尸解仙說，可以參看《真誥》。

（二）尸解仙的成仙類型與道行

葛洪《抱朴子·內篇》中仙分為三等，第三等的下士是尸解仙，指的是肉體死亡而精神蛻變得以永生。他在《抱朴子·內篇·論仙》中舉李少君、費長房、李意期等是尸解成仙的例子，說明世間確實有仙人。筆者將《抱朴子·內篇》中與「尸解仙」、「下士」有關的資料，整理成表 4－19。

〔註 81〕饒宗頤：《老子想爾注校箋》，頁 83。
〔註 82〕楠山春樹：〈邊韶的老子銘〉《東方宗教》，第 11 號，1965 年。
〔註 83〕李約瑟：《中國之科學與文明》第十四冊，頁 131。

表4-19：與「尸解仙」、「下士」有關的資料

序號	內　　　　容	篇名
1	下士先死後蛻，謂之屍解仙。今少君必屍解者也。近世壺公將費長房去。及道士李意期將兩弟子去，皆託卒，死，家殯埋之。積數年，而長房來歸。又相識人見李意期將兩弟子皆在郫縣。其家各發棺視之，三棺遂有竹杖一枚，以丹書符於杖，此皆屍解者也。	論仙
2	寬所奉道室，名之爲廬，寬亦得溫病，託言入廬齋戒，遂死於廬中。而事（李）寬者猶復謂之化形屍解之仙，非爲眞死也。夫神仙之法，所以與俗人不同者，正以不老不死爲貴耳。今寬老則老矣，死則死矣，此其不得道，居然可知矣，又何疑乎？若謂於仙法應屍解者，何不且止人間一二百歲，住年不老，然後去乎？天下非無仙道也，寬但非其人耳。	道意
3	屍解經一卷	遐覽
4	宕人水居，梁母火化，伯子耐至熱，仲都堪酷寒，左慈兵解而不死，甘始休糧以經歲，范軼見斫而不入，鱉令流屍而更生，少千執百鬼，長房縮地脈。	辨問
5	列仙傳云：黃帝自擇亡日，七十日去，七十日還，葬於橋山，山陵忽崩，墓空無屍，但劍舄在焉。	極言
6	下士得道，長生世間。	金丹
7	下士得道於山林，此皆爲仙藥已成，未欲昇天，雖在三軍，而鋒刃不能傷，雖在都市，而人禍不能加，而下士未及於此，故止山林耳。	明本
8	故仙經曰，……餐食草木，千歲以還者，下士也。	黃白

　　仙道涵養再其次的下士，是「先死後蛻」而成仙，就稱爲尸解仙，因爲必須假借爲尸以爲解脫。即肉體死亡，精神蛻變，才能永生。因爲葛洪稟持的是「形神統一的生命觀」，提倡形神兼修，而尸解仙因爲必須先死而後再蛻脫成仙，無法保存形體的存在，只能精神長存而已，因此被歸類爲下品仙。從序號3中我們可以知道葛洪曾經搜羅有「屍解經一卷」，所以自是通曉尸解成仙的方法，不過因爲目前已經亡佚，所以僅能由《抱朴子》或《神仙傳》的敘述中去略窺其說法。

　　從序號6、7、8中我們可以知道下品尸解仙的修行方式是「餐食草木」，所以可以「千歲以還」。從藥物養身的生理醫療來說，在葛洪金丹道派的觀念中，金丹大藥是可以直接白日飛升成爲天仙的，服食仙藥可以養性，進而成爲逍遙在各名山的地仙，服食草木之藥，可以救虧損而袪除疾病，進而達到

延壽命，而長生世間。尸解仙的仙境所在即爲「世間」、「山林」。從序號 1、4、5 中我們可以知道下品尸解仙的成仙類型有「杖解」、「兵解」與「劍解」。《無上秘要》所記錄的尸解品有：火解、兵解、杖解、劍解以及藥解等。《列仙全書・鮑靚傳》說：「仙法，凡非仙胎得仙者必由尸解：上尸解用刀，下尸解用竹木；以神丹染筆書太上太玄陰生符於刀，其刀須臾即如所度者面目，奄然於床上矣。其眞人遁去，其家人但見死人不見刀也。」所謂上尸解即劍解，下尸解即杖解。

序號 1 敘述少君病死發棺，「無尸，唯衣冠在焉」壺公將費長房去、道士李意期將兩子弟去，都是先以死爲託，家人埋葬數年之後才又出現，如「而長房來歸。又相識人見李意期將兩弟子皆在郫縣。」他們的家人去檢查棺木，結果是「三棺遂有竹杖一枚，以丹書符於杖，此皆屍解者也。」由此可知費長房及李意期的兩個弟子都是屬於杖解。《抱朴子・內篇》有一則佚文：「道林子有五種尸解符、今太玄陰生符，及是一病解者。」用「丹書杖」、或用「尸解符」，這是道教解脫的秘法，但是《抱朴子・內篇・論仙》中並沒有詳細說明其蛻解的過程，《無上秘要》有較詳細的情形可以相互參看：

> 以錄形靈丸以合唾塗所持杖，與之俱寢，三日則杖化爲己形，在被中，自徐遁去，傍人皆不覺知。（87.3b－4a）

從上述的說明我們可以知道杖解爲一種遁法，其秘訣所在是道法中的「靈丸書符」，由此看來仍然與靈藥有密切的關係，但是仙傳在敘述時則往往只強調其「託形杖履」的灑脫形象。在金丹道的立場，葛洪認爲只有服用金丹成仙，才是上等的解脫法，所以並沒有特別強調尸解之法。

從序號 4 中我們知道左慈是因爲「兵解」而不死成仙的，有關兵解法，學者聞一多曾引《後漢書・西羌傳》的習俗說：「以戰死爲吉利，病終爲不祥」，指的是被戰陣兵器所傷而死者爲兵解。〔註84〕而道教所謂的兵解，如《眞誥》卷一四「頭足異處」戰死刑殺等，都可以稱之爲「兵解」。例如郭璞遭刑殺，《神仙傳》稱其殯後三日「開棺無尸，璞得兵解之道，今爲水仙伯」。兵解在尸解成仙的方式中是屬於較原始的形態。從序號 5 中我們知道《列仙傳》記載黃帝自己決定亡日，葬於橋山，「山陵忽崩，墓空無屍，但劍舄在焉」，此屬於「劍解」的方式。學者李豐楙認爲：

> 劍、鏡屬於咒術性的寶物，故劍可爲尸解之用。但其咒術性、法術

〔註84〕聞一多：《神話與詩》，頁 156。

性格的形成，應該與古代對寶劍的咒術性用法有關，可以從考古文物中劍的發現獲得明證。〔註85〕

劍解是上清經派的上尸解法，陶弘景著《太清經》又名《劍經》，也與尸解有關。其文中提到：「凡學道術，皆須有好劍鏡隨身」。道門中人在建構使用刀、劍作為尸解法之時，常與丹、符聯結在一起。

「藥解法」是金丹道流行之後最常見的尸解法，葛洪將服食金丹作為天仙的道法，之後的上清經派也同樣重視，因此將其神秘化為託迹暫死的現象。我們可從《晉書‧葛洪傳》得知：

> 後忽與（鄧）嶽疏云：『當遠行尋師，剋期便發。』嶽得疏，狼狽往別，而洪坐至日中，兀然若睡而卒，嶽至，遂不及見。時年八十一。視其顏色如平生，體亦柔軟。舉屍入棺，甚輕，如空衣，世以為尸解得仙云。〔註86〕

葛洪死時，是尸解成仙的。雖然他當時尚無建構出「藥解」的道法，但是筆者以為這就是道士認為藥解成仙的尸解法。當時服用丹藥，中毒而死，《真迹經》、《真誥》都神化其說，「既殞，失尸所在，但餘衣在耳，是為白日解帶之仙。」可稱為「藥解」。為什麼服食丹藥死後，會被道教徒認為是「尸解」呢？學者李約瑟（Joseph Needham）認為：丹藥的成份多以砷、鉛、汞等為主，這些諸種礦物對於服食者的生理產生特殊的感覺，常被誤認為增強體力；至於長期服食者，卒後其尸體比較不易分解，而呈現木乃伊化的現象等。〔註87〕所以道教徒將此神異化，形成以藥解化之說。在《真誥》中有地下主之說，因為「世積陰德」始能為地下主；而尸解不管用上述何種的方法，都是仙之始，需要經過一定的年數，才能逐漸昇轉為仙官、真官，尸解雖是成仙之法，品階卻不高，《真誥》說：「尸解之仙不得御華蓋、乘飛龍，登太極，遊九宮。」魏晉時期以茅山為中心，發展出一套自成體系的解脫成仙之道。魏晉南北朝的煉丹術正處於創發階段，難怪道士對此抱持著堅定的信心與美麗的幻想。

從以上所述我們可以知道葛洪《抱朴子‧內篇》中的三品仙，具體包含

〔註85〕李豐楙：〈六朝鏡劍傳說與道教法術思想〉《中國古典小說專集》第 2 集（台北：聯經出版社，1980 年），頁 1～28。

〔註86〕唐‧房玄齡等：《晉書》（北京：中華書局，1997 年），頁 1913。

〔註87〕李約瑟著：《中國之科學與文明》（台北：台灣商務印書館，1981 年），頁 542～558。

了：修行的道行或方式、成仙的類型、及仙境的所在這三大部分。這在魏晉
南北朝道派發展的過程中，形成具有涵攝性、創發性的仙道思想，成為日後
道教神仙世界的主體。各種神話的編織與流傳，顯示出人的實存界與靈世界
之間的互動更為頻繁與熱絡，以超現實的神話來滿足實際生活中的需求與願
望，拉近了神靈世界與人間世界的互動網絡，提昇了對靈世界的抽象思維能
力。〔註 88〕當這些神話經由道教經典不斷的傳播擴散，更加增強了人們思維
的觀念世界，豐富了對人與精神靈性的生命認知，強化了人們對神仙的依賴
與信仰。

　　神仙三品說源於古中國人對於「不死的探求」，經由古代的巫教、先秦兩
漢的方仙道、黃老道至道教徒的手中，建構成為一種積極、平實、可具體實
踐的道法，其中的轉變過程，雖然有受到外來印度佛教的影響，但在面對生
命的終極關懷時，其探求不死的現實主義的精神，使其成為中國人的民族宗
教、本土宗教的信仰。值得注意的是葛洪受地仙觀念的啟發，又將隱逸思想
貫注於他所撰寫的三品仙說之中，將尋求「個體自由」與「金丹服食」巧妙
結合的神奇說法，就是金丹道派的「地仙之說」，表現的是「避世隱逸」的人
生哲學，賦予地仙說新的意涵。因此「隱遁仙人」指的是地仙，是不願意為
仙官，寧為地仙而逍遙於天下的名山，是最能得到「遊仙之樂」的仙品。葛
洪對三品仙說加以承續，並賦予新意，其主要的目的就是神仙生活並非遠離
人世，具有濃厚的人間世性格，可說是典型的現實主義思想投射於神仙說的
一種表現，由此來勸勉修道者對於修仙要勤求立志，這在當時的養生論中，
是當行本色的立論。

第六節　小　結

　　從葛洪《抱朴子‧內篇》的三品仙說中，我們可以知道道教信仰的形而
上終極實體、生命的終極價值——神仙，不是高高在上的宇宙主宰，而是時
刻與人相互感通的精神存在，將抽象的精神靈體與實存的人緊密地關連在一
起，終極實體的神仙與人的生命是彼此相互伴隨與相互交織的，人們可以經
由這種來自終極三品仙的宗教體驗，用為轉變自身的生存情境。葛洪所建構
的終極實體——神仙，其目的在於透過此神聖力量來根本性地轉變人的生命

〔註88〕屈育德：〈神話創造的思維活動〉收錄於劉魁立、馬昌儀、程薔編：《神話新
　　　　論》（上海：上海文藝出版社，1987 年），頁 28。

形態，企圖在生命修持與精神上的感應下，能提昇平民百姓自我向善求美的內心感受。三品仙的成仙類型與道行展示了神仙道教終極實體的操作模式，將人們與神聖交感的秩序、行為複製出來，成為日常生活的模式，使有心修道之人都能以神聖力量來建構生命的存有價值。〔註89〕

《抱朴子‧內篇》中三品仙的終極生命與境界，具體包含了：修行的道行或方式、成仙的類型、及仙境的所在這三大部分。這在魏晉南北朝道派發展的過程中，形成具有涵攝性、創發性的仙道思想，成為日後道教神仙世界的主體。各種神話的編織與流傳，顯示出人的實存界與靈世界之間的互動更為頻繁與熱絡，以超現實的神話來滿足實際生活中的需求與願望，拉近了神靈世界與人間世界的互動網絡，提昇了對靈世界的抽象思維能力。當這些神話經由道教經典不斷的傳播擴散，更加增強了人們思維的觀念世界，豐富了對人與精神靈性的生命認知，強化了人們對神仙的依賴與信仰。

從《抱朴子‧內篇》終極生命的修持與境界中，我們可以知道人性是源自於宇宙的「道」，神仙道教三品仙說對生命的理解，不只是著重在肉體的物質層面，只關注身體的生死課題，更重視血肉形身中精神的靈性生命，所以三品仙說中的天仙，所代表的是圓滿的靈性生命，所以可以直接白日昇天。人的身體雖然只是生命的外在形式，更重要的是內在生命的意識活動與精神生活，以及追求生命本質的存有之理。道教各派雖然對生命本質有不同的詮釋與話語系統，但是在追求生命內在本質自我實現的目標卻是一致的，著重在對自身存在的反思與實踐，企圖從形體生理需求中超越出來，開闢精神領域的神聖需求，領悟到人性與宇宙是不可分割的一體關係，展現出人對宇宙的嚮往與回歸之情，將生命從有限的肉身提昇到無限的精神境界之中。

所以葛洪對煉丹術採取親身實踐方法及論證方式，他提出終極實體神仙思想，提倡藉由人自身的修鍊是可以補救、打破大自然給予人在壽命、生存上的限制，其背後反應的是人定勝天精神。他積極提出理論與行動，藉由肉體養生之術和精神修養心神，來延長人類壽命，進而達到終極生命長生的境界，這在魏晉時期實有重要之意義。

〔註89〕Frederick J. Streng 著、金澤、何其敏譯：《人與神——宗教生活的理解》（上海：上海人民出版社，1991 年），頁 67。

第五章 《抱朴子‧內篇》的病因觀

　　醫學除了有西方社會的主流醫學之外，各個民族也都有其自成系統的醫療體系，稱為「民族醫學」〔註1〕。都是來自對應人類生命的生死存有而產生的對應法則與技術，而漢人社會的民族醫學主要有二大系統：一為中國傳統醫療體系，一為道教醫療體系，二者之間具有同源共生的關係，在文化發展過程中有相當程度的重疊現象。道教醫學肇始於漢末，道教的宗教訴求，不論是長生還是度人，都離不開醫術和方藥。道教醫學出於宗教信仰和不死的需要，「以醫傳教」、「借醫弘道」，不斷「援醫入道」。所以在中國一千多年的歷史發展中，道教醫學和中國傳統醫學之間形成了一個互融互攝、相互促動的雙向作用機制。道醫共生，醫道一體是古代醫學發展過程中的一個突出現象，也是中華傳統文化特色的表現。雖然二者在歷史的發展過程中逐漸分流，中國傳統醫療體系逐漸成型；但是道教醫療體系依附於傳統社會的文化基礎下，在長期傳承的過程中，吸收了哲學與醫學的相關理論與觀點，從而提高了其說服力與有效性。〔註2〕

第一節　傳統文化觀點下的病因觀

　　「病因觀」就是對人體患病的總的看法，《抱朴子‧內篇》道教醫學的病因觀是屬於道教醫療體系中的觀念，是葛洪對人體異常生命活動的基本理解

〔註 1〕喬治‧福斯特等著，陳華、黃美新等譯：《醫學人類學》（台北：桂冠圖書公司，1992 年），頁 71。
〔註 2〕薛公忱主編：《中醫文化溯源》（南京：南京出版社，1993 年），頁 143。

和認識，帶有濃厚的巫術與宗教色彩，在目前重視科學文明的氛圍下，常被視爲迷信而加以排斥，我們若是能從醫學人類學的立場來看，傳統社會有其自成文化系統的醫療體系，此體系是在其固有的文化系統下所發展出來有關健康、疾病與醫療等理論與技術，是經過長期社會化學習，帶有社會集體共識的認知與表達過程，在文化制約與指導下的醫療系統，是以社會中的價值規範與精神倫理，作爲觀念與行爲的準繩，是人們食衣住行、精神、物質等總體表現。〔註3〕

《抱朴子・內篇》道教醫學的文化核心是圍繞在「病因觀」上而展開的，對疾病的認知與解釋，不是建立在科學實證基礎上，而是民間各種文化系統的滙集與整合，在這些病因觀念的指導下，進一步發展出尋醫、治療、養生、預防、保健等醫療行爲，反映人們現實生活中的宇宙運作觀，是建立在個體、自然關係與人際關係「三層面的和諧均衡觀」上，對疾病的看法也是來自「和諧辯證觀」，企圖從疾病的衝突中，建立身體存有的和諧世界。因此本節筆者將分別從三層面的和諧均衡觀與人爲何會生病兩方面來說明，在三層面的和諧均衡觀中，則從中國傳統的宇宙圖式及天地人鬼神五位一體的宇宙圖式來說明。在人爲何會生病方面，則從病因內因——正氣不足，病因外因——邪氣侵害來說明。

一、宇宙圖式

傳統社會是一個以「人」作爲主體的存在空間，〔註4〕對應著宇宙整體的存在，意識到人可與天地交感，對應「天地」的自然規律，進一步發展出人可與鬼神交感，對應「鬼神」的超自然規律，建立文化傳承下深層的宇宙觀與空間觀，反應出社會集體共有的文化意識與價值體系。

從文化內涵來說，古代的宇宙觀念是一脈相傳的，學者張光直以「瑪雅——中國文化連續體」一詞，認爲：

> 中國文化重要特徵是連續性的，就是從野蠻社會到文明社會許多文化、社會成份延續下來，其中主要延續下來的是人與世界的關係、人與自然的關係，留傳史前的宇宙觀、巫術、天地人神的溝通，以

〔註3〕張珣：《疾病與文化——台灣民間醫療人類學研究論集》（台北：稻香出版社，1989年），頁37。
〔註4〕陳文尚：《台灣傳統三合院式家屋的身體意象——地理知識學的例證研究之二》（台北：中國文化大學地理學系，1993年），頁23。

　　　　及借助這種溝通所獨佔的政治權力等。〔註5〕

此說法顯示中國精神文明的起源相當古老，在史前時代即已確立人類心靈與外在宇宙的對應關係，關注人與天地的自然秩序，以及人與鬼神的超自然秩序。

　　此宇宙觀念統攝或指導現實生活中的意識形態，提供一定的「宇宙圖式」，成為民眾生活模式的價值觀念與行動指南。所謂「宇宙圖式」，是指傳統社會最基本的宇宙認知模式，將原本流傳的各種宇宙觀念加以整合成為基本圖式，建構出認識宇宙的空間模式。〔註6〕根據學者張光直的考察，他認為「天圓地方」是古代中國人的宇宙認知基調，〔註7〕發展出相應於方形或圓形的核心存在，形構著圓心與圓的對應形態，即一個「中心」與一個「外環」的「圓型」空間基型。〔註8〕在這樣的觀念下，人們的生存先要有一個「核心性」的所在，所謂「核心性」是指文化的核心、宇宙論的核心，是集體共識下實踐的生活核心，這種核心安置了人們共同認可下的存在意義與價值。

　　中國社會的傳統宗教是建立在神聖性的精神體驗上，相信在人之上是有著超越的終極實體，彼此間是可以相互感通甚至是合而為一的，習慣將此終極實體稱為「天」，進而發展出「天人合一」的哲學系統與宗教系統。「天人合一」或許可稱為「天人二位一體」，此是源自於二元的宇宙論，將實有的「人」之外的靈體統稱為「天」，於是形成了虛與實相互對立的宇宙關係。

　　傳統儒家哲學的「天」，雖然泛指宇宙萬物生化的本源，就其源頭來說仍然帶有著宗教超越性的神聖體驗，從宇宙永恆規律與生命終極轉化來建構天人之間的存有關係，在生命主體的人文主義中是帶有著終極真實的宗教性，肯定在天人之間的互動上，能將終極的超越性轉化為自我生命的內在性，使人如天一般成為宇宙共同的創造者。〔註9〕所以中國哲學對傳統宗教神學體系的建構影響甚大，「天人一體」的宇宙論，一直是傳統宗教的基本理論模式，

〔註5〕張光直：《考古學專題六講》（台北：稻香出版社，1988年），頁23。

〔註6〕鄭志明：《華人宗教的文化意識第一卷》（台北：宗教文化研究中心，2001年），頁56。

〔註7〕張光直：〈談「琮」及其在古史上的意義〉《中國青銅器時代（第二集）》（台北：聯經出版事業公司，1990年），頁70。

〔註8〕潘朝陽：〈存在空間的一個詮釋〉《建築現象學導論》（台北：桂冠圖書公司，1992年），頁340。

〔註9〕杜維明著、段德智譯：《論儒學的宗教性──對中庸的現代詮釋》（湖北：武漢大學出版社，1999年），頁110。

但是在對終極實體的信仰描述上學者鄭志明認爲稍爲簡略。

「天人合一」的二元思想與「天地人合一」的三元思想有密切的關係，所謂「天地人三位一體」，是來自《易經》的「三才」思維，認爲人可以參與天地成爲宇宙的核心，成爲「天地人三位一體」的宇宙觀。將天地從自然遍在的物質性，延伸出宇宙萬物生化的精神性，成爲終極的超越實體，天與地是生化之源，是萬物與人類活動變化的依據所在。〔註 10〕因此所謂「天地人三位一體」，是指天地人在宇宙的神聖空間中可以區分爲三位，而在精神的感通上則是能相互交感、混同爲一。此「天地人合一」的觀念是源自於原始時代的混沌思維，將天地自然運行的原理，作爲個人生命存有的終極依據，故天地被視爲宇宙最高精神存有的象徵。此種宇宙觀代表原始宗教根本性的信仰意識，進入到人文社會之後，隨著道教的興起，此信仰意識並未消退，並且與中國哲學相互融合，成爲其形上的超越依據，因而擴大了人與天地相通的道化之理。

所謂「天地人神四位一體」，是引用德國哲學家海德格（Martin Heidegger）的觀念與用語，認爲天地人神等四者是相連歸一，人的定居環境是四位一體的顯現，使天與地、神與人的渾然一體進駐場地，庇護與安置人的生活。〔註 11〕海德格是基於一神教的上帝信仰，將天地的宇宙觀念與上帝的神性聯繫在一起，中國傳統宗教則習慣以二元的鬼神來指稱所有泛靈的精神體，學者鄭志明認爲：

> 在傳統社會裏「神」是泛指一切的鬼神，海德格的「天地人神四位一體」的說法，或許可以改爲「天地人鬼神五位一體」的宇宙圖式，其中可以分爲兩組，即「天地人一體」與「人鬼神一體」，顯示人的存在，可以交感天地，同時也可以交感鬼神，人的存在必須維持與天地的自然和諧，更須要鞏固人與鬼神的超自然和諧。「天地」與「鬼神」實際上都是抽象的形上存有，人的具體存在往往依附於這種形上的超越力量，進而將「天地」與「鬼神」安置在生活空間的核心位置上。〔註 12〕

〔註 10〕 李杜：《中國古代天道思想論》（台北：藍燈文化公司，1992 年），頁 26。
〔註 11〕 海德格著、陳伯仲譯：〈建、居、思〉《建築現象學導論》（台北：桂冠圖書公司，1992 年），頁 59。
〔註 12〕 鄭志明：《宗教與民俗醫療》（台北：大元書局，2004 年），頁 88。

天地的宇宙觀念與鬼神的靈性觀念，都是在人之上的抽象存有，在人的實有位置上，同時對應著四個虛靈的「天地鬼神」之位。因此從現實生活的秩序和諧來說，「天地」與「鬼神」是同等重要的，自然與超自然都是形上的價值存有，成爲支配人間生活運作的方向與法則，也是生存場域平安和諧的保證。顯示人的生命不單是生物性的個體，而是與宇宙存在著全息對應的關係，相信人與天地鬼神確實有著相互交通的共性。

從宗教的觀點來說，人與天地的感通是建立在靈性的基礎上，是在「萬物有靈」的認知下，溝通了人與天地同一的生命形態。此種生命形態進而發展出人與鬼神合一的超自然關係。「人」是有形的生命，而「鬼神」是無形的生命，或者可以說無形的「鬼神」生命是「人」有形生命的延續，「鬼神」與「天地」相似，都是用來象徵超越性的終極實體。從「天地人合一」的混沌觀念可能導出「人鬼神合一」的認知，發展出「人鬼神三位一體」的生命觀。所謂「人鬼神三位一體」，是指人鬼神在生命的表現形態上可以區分爲三位，但是在靈性的會通上則能混同爲一。人的實有生命即同時含有鬼神之性，彼此間可以相互感應，甚至經由主體的生命證悟，可以將人提升到形上的鬼神境界。

所以「天地人三位一體」的宇宙觀與「人鬼神三位一體」的生命觀，在以「人」爲核心之下，發展出交錯的關係，顯示出實存的人可以對應抽象性的天地鬼神等四個位，形成了「天地人鬼神五位一體」的終極觀。〔註13〕所以天地鬼神可以區分爲四個位，也能彼此統合一個位（即天），一位是一元的宇宙論，四位則是四元的宇宙論，再加上對應實存的人，形成五元宇宙論。傳統宗教實際上是以「人」爲宇宙的核心，重視實存的人能與天地交感合其序與鬼神交感合吉凶的和諧感通能力。抽象的終極實體，儘管有多種的形態，其與人的相互交通與感應是一致的，自然的天地與超自然的鬼神，都是「道」的造化作用，可以幫助實有的人在精神性的陰陽消長與幽冥感應中，確立自身存有的生命主體。

巫醫共構的宇宙圖式指的就是「天地人鬼神五位一體」的宇宙圖式，就其文化內涵來說：是延續了原始社會通天地事鬼神的需求，而發展出一套完整「天人合一」的人文精神世界。認爲天地人、人鬼神是可以彼此相互感通的，進而建構出一種精神性的宇宙觀念與生命觀念。這種宇宙圖式的中心，就在於人與

〔註13〕 鄭志明：《傳統宗教的文化詮釋——天地人鬼神五位一體》（台北：文津出版社，2009年），頁4～5。

天地，人與鬼神的交通上，人是宇宙的主體，顯示人的生命不單是生物性的個體，而是與宇宙存在著全息對應的關係，相信人與天地鬼神確實有著相互交通的共性。巫醫共構的宇宙圖式在《黃帝內經》中，各種治病技術只是手段，要配合陰陽五行等氣化理論，才能適應外在時間與空間的變化，進一步意識到人的生命是形體與精神的結合，不只關心形體的健康，更要順應天地之道，將世俗的生存環境納入到神聖的超越時空之中，確立人存在的目的與歸宿。

二、人爲何會生病

原始社會有自成系統的病因觀念，以巫術與醫術並用的方式來對治疾病，因此積累長期的神聖文化與治療經驗。在古文明中巫術與醫術二者緊密相聯繫，是建立在人神交通的靈感思維上，認爲超自然的精怪厲鬼是引起疾病的原因，因而發展出各種驅除病魔與疫鬼的方法與技術，來完成驅魔、健身與治病的生存目的。這些生存技術反應人類早期「靈感思維」下的宇宙觀與生命觀，奠基於迄今尚未被人們完全認識的超自然力量，顯示人類精神活動下的文化景觀，這種來自原始社會的操作實踐工夫，不是屬於科學的範疇。

中國文化下的宗教與哲學一直是彼此緊密聯繫的，在宇宙論上經常會相互會通，可以這麼說：哲學的宇宙論是延續了史前時代原始宗教的「靈感思維」而來，信史時代的文明社會人文宗教則是採用了哲學的宇宙論來擴充其形而上的內涵。所以來自原始社會古老的宗教信仰從未消失，「鬼神」觀念始終位於傳統文化的核心位置上，人與天地的自然和諧是建立在人與鬼神的超自然和諧上，自然崇拜歷久不衰，宇宙萬物都是具有靈性，主宰著人的吉凶禍福。

人所面對的天地萬物都是具有靈性，有著不同善惡的對應關係，其中有散播疾病的精怪鬼魅，同時也有各種庇護眾生的靈神。〔註 14〕這種鬼神意識是傳承自原始社會古老宗教信仰下的深層精神活動，是以人作爲主體來尋求鬼神世界的允諾與襄助，來安頓現實生活中的生、死、老、病等存在需要，人與超自然的交往，正是人們自身的生存基礎與生存活動本身。

從葛洪《抱朴子‧內篇》探究人爲什麼會生病，筆者將病因觀分成病因內因——正氣不足、病因外因——邪氣侵害二部分來探討。在病因外因方面——邪氣侵害部分又分成超自然病因觀、自然病因觀及人文病因觀三部分來探討，這三部分都是屬於「外邪」，所以「邪氣」是人體發病不可或缺的因素。

〔註14〕何星亮：《中國自然神與自然崇拜》（上海：三聯書店，1992 年），頁 35。

人為什麼會生病？「正氣不足」是其內因，「邪氣侵害」是外因，內外因素夾攻之下，就會引起疾病。所以「正氣」是人體不病的基礎，但是因為人體的正氣是有一定的限度，又因為先天稟賦、後天不良的生活習慣、精神調攝、生活環境等各種的「傷損」而消耗減少，所以當「正不勝邪」時，疾病就在所難免了。

（一）內在病因——正氣不足

疾病是指人體在生理上或心理上的不正常狀態，或稱為非健康的狀態。《說文解字》云：「疾，病也。」「病，疾加也。」段玉裁注：「析言之，則病為疾加，渾言之，則疾亦病也。」簡單地說就是輕者為疾，重者為病。《黃帝內經》一方面代表醫術與巫術的分流，醫術可以獨立出來自成完整系統，總結已有的醫藥知識與臨床經驗，配合傳統人體與自然相感應的宇宙觀念，以完善的陰陽五行等氣化理論，建構出龐大的醫學體系。〔註15〕另一方面擴充了巫術醫療的觀念體系，增強巫術醫療的生理與病理的理論，提高其說服力與有效性，讓人們相信人體與天地鬼神的內在聯繫關係，對後來道教醫學體系的建構與完成，影響深遠。基本上還是延續著巫術醫療的文化理論而來，是信仰觀念的具體實踐，傳達了人與天地鬼神相結合的神聖目的。疾病代表的是異常的生命活動過程，《黃帝內經‧素問》云：「陰陽勻平，以充其形，九候若一，命曰平人。」「平人」是如何變成「病人」的呢？疾病的本質又是什麼呢？《靈樞‧口問》云：

> 夫百病之始生也，皆生於風雨寒暑，陰陽喜怒，飲食居處，大驚辛恐。則血氣分離，陰陽破敗，經絡厥絕，脈道不通，陰陽相逆，衛氣稽留，經脈虛空，血氣不次，乃失其常。〔註16〕

這說明了在各種病因的作用之下，人體陰陽失衡，氣血不和，導致臟腑經絡的失調，即人體生命活動「乃失其常」，從而導致疾病的發生，「平人」就轉變成「病人」了。

中國傳統醫學以及道教醫學在病因、診斷、治療以及養生上說明病因時，都是用「正邪觀」作為其醫學哲學，以扶正祛邪、協調陰陽作為疾病的診斷

〔註15〕 薛公忱：《中醫文化研究第一卷中醫文化溯源》（南京：南京出版社，1993年），頁136。
〔註16〕 （唐）王冰次注、（宋）林億等校正：欽定《四庫全書》子部三九醫家類《靈樞‧口問》，第七三三冊（上海市：上海古籍出版社，1987年），頁366。

治療與養生的總綱領。《黃帝內經‧素問》云：「正氣存內，邪不可干」。所以由此觀之，「正」是指人體的抗病康復能力，「邪」則是危害人體生命的一切因素。《黃帝內經》把人體正氣和外邪看作矛盾對立的雙方，把生病與否看作是矛盾雙方爭鬥的結果，《靈樞‧刺節真邪》云：

> 邪氣者，虛風之賊傷人也，其中人也深，不能自去。正風者，其中人也淺，合而自去，其氣來柔弱，不能勝真氣，故自去。〔註17〕

這說明了在疾病產生的過程中，正氣和邪氣的爭鬥，隨處可在。《靈樞‧刺節真邪》云：「爲開通，辟門戶，使邪得出，病乃已。」由此可以知道邪去，病乃已的關係，所以「邪去」與「病愈」是具有相互聯繫的內在關係。《素問‧四氣調神大論》云：

> 故陰陽四時者，萬物之終始也，死生之本也，逆之則災害生，從之則苛疾不起，是謂得道。道者，聖人行之，愚者佩之。從陰陽則生，逆之則死，從之則治，逆之則亂。反順爲逆，是謂內格。〔註18〕

所以《黃帝內經》以正邪鬥爭來貫穿疾病的始終，並且以整體失衡來概括疾病的本質。意即人體的小宇宙是對應自然的運行秩序而來，並且以「氣」進行「內外一理」的交通，人因爲沒有調節好自己的「常」，以對應天地的「常」，導致自我生活的失調而引發疾病。

《黃帝內經》認爲產生疾病結果的原因是由內因「正氣不足」和外因「外邪侵入」兩個方面同時起作用，內因在此是起決定性的作用，葛洪承繼此說法，《抱朴子‧內篇‧極言》說：

> 苟能令正氣不衰，形神相衛，莫能傷也。〔註19〕

> 唯怨風冷與暑濕，不知風冷暑濕，不能傷壯實之人也，徒患體虛氣少者，不能堪之，故爲所中耳。〔註20〕

因爲正氣不足，使得病患體虛氣少，若是在碰上風冷暑濕等外邪的入侵，當人體正不勝邪時，就會生病了；可是正氣不衰的壯實之人，同樣碰上風冷暑

〔註17〕 （唐）王冰次注、（宋）林億等校正：欽定《四庫全書》子部三九醫家類《靈樞‧刺節真邪》，第七三三冊（上海市：上海古籍出版社，1987年），頁415。
〔註18〕 （唐）王冰次注、（宋）林億等校正：欽定《四庫全書》子部三九醫家類《黃帝內經‧素問》，第七三三冊（上海市：上海古籍出版社，1987年），頁14～15。
〔註19〕 《抱朴子‧內篇‧極言》，卷13，頁244。
〔註20〕 《抱朴子‧內篇‧極言》，卷13，頁244。

濕外邪的入侵，卻能不被邪氣所傷，由此可知「正氣」是人體不病的基礎，如果能夠讓人體中的正氣不衰弱，那麼各種「外邪」是無法傷人的。但是因為人體的正氣是有一定的限度，又因為「傷損」而消耗減少，所以一旦「正不勝邪」時，人就會生病了。

（二）外在病因──邪氣入侵

葛洪認為因為人體體虛氣少，所以外邪才得以入侵，在正邪發病的機理之中，明顯是「邪」占有主導的地位。在以「邪」作為病因外因的總綱領之下，基本上可以又分為超自然病因觀的「外邪」，包括鬼魅作祟、祖先降災、時空衝犯以及因果報應，這些外邪來自人與超自然的衝突，意即「和諧宇宙觀」的自然關係系統，使得邪氣入侵，壓過人體應有的正氣，而引起殊異的各種疾病。自然病因觀的「外邪」，包括陰陽失調、五行失序、氣運混亂以及形神脫節，這些外邪來自人體自然環境的破壞與衝突，意即「和諧宇宙觀」的個體系統，人失去與宇宙相應的氣化原理，導致人體無法與外在的宇宙能量進行交換，故無法維持和諧穩定的狀態而產生疾病。人文病因觀的「外邪」，包括道德失常、倫理失序以及情感失據，這些外邪來自人與社會的衝突，意即「和諧宇宙觀」的人際關係系統產生衝突，因而形成各種疾病。如圖十三：《抱朴子‧內篇》外邪侵害病因觀。

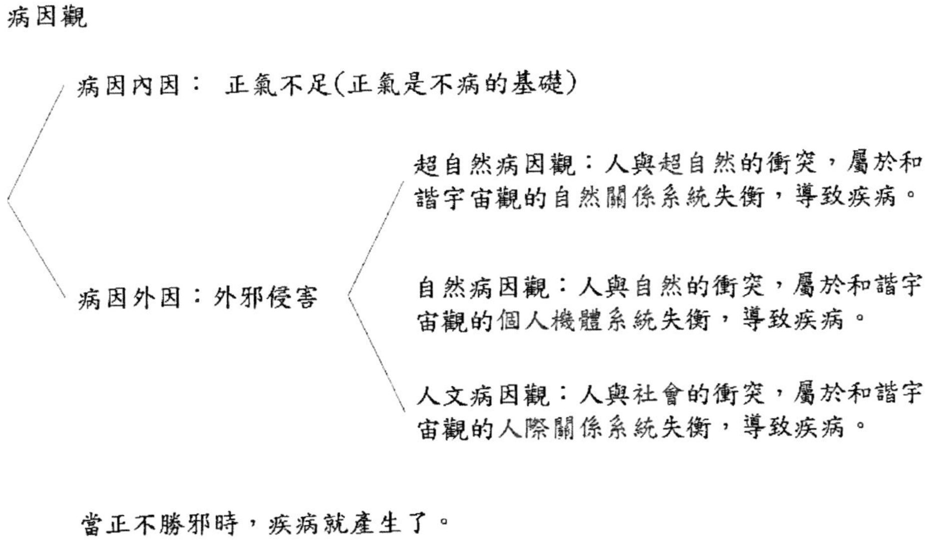

病因觀

病因內因：　正氣不足(正氣是不病的基礎)

病因外因：外邪侵害

超自然病因觀：人與超自然的衝突，屬於和諧宇宙觀的自然關係系統失衡，導致疾病。

自然病因觀：人與自然的衝突，屬於和諧宇宙觀的個人機體系統失衡，導致疾病。

人文病因觀：人與社會的衝突，屬於和諧宇宙觀的人際關係系統失衡，導致疾病。

當正不勝邪時，疾病就產生了。

圖十三：《抱朴子‧內篇》外邪侵害病因觀

　　從上圖可知外邪侵害病因觀的源由有三種，分別為超自然病因觀、自然病因觀以及人文病因觀，這是來自傳統社會中的天、人、社會三層面宇宙和諧秩序被破壞，來說明疾病的源由。對治方法就是從三層面疾病病因觀衝突中，建立人自身存有的和諧世界，才能內疾不生、外患不入。在天、超自然病因觀方面：人要與時間系統和諧、人要與空間系統和諧、人要與神鬼系統和諧。在人、自然病因觀方面：人要與內在實質和諧、人要與外在形式和諧，以維持身心的內外均衡，由此引申出相應的病因、病機、治則與治法。在社會、人文病因觀方面：人要與家族親族和諧、人要與祖先關係和諧、人要與鄰人社會和諧。

　　人會生病，「正氣不足」是其內因，「邪氣侵害」是外因，內外因素夾攻，就會引起疾病。所以「正氣」是人體不病的基礎，但是因為人體的正氣是有一定的限度，又因為先天稟賦、後天不良的生活習慣、精神調攝、生活環境等各種的「傷損原則」而消耗減少，所以當「正不勝邪」時，疾病就在所難免了。筆者將《抱朴子‧內篇》與病因外因——外邪侵害中與「病」有關的資料整理成表 5－1，分別說明其「外邪病因觀」包括來自超自然、自然以及人文三方面的損傷。

表 5－1：外邪病因觀之中與「病」有關的資料

序　號	內　　　　　容	外邪病因觀	篇　目
1	夫人所以死者，諸欲所損也，老也，百病所害也，毒惡所中也，邪氣所傷也，風冷所犯也。今道引行氣，還精補腦，食飲有度，興居有節，將服藥物，思神守一，柱天禁戒，帶佩符印，傷生之徒，一切遠之，如此則通，可以免此六害。	自然、超自然病因觀	至理
2	知飲食過度之畜疾病，而不能節肥甘於其口也。知極情恣欲之致枯損，而不知割懷於所欲也。	自然病因觀	微旨
3	或曰：「敢問欲修長生之道，何所禁忌？」抱朴子曰：「禁忌之至急，在不傷不損而已。按易內戒及赤鬆子經及河圖記命符皆云，天地有司過之神，隨人所犯輕重，以奪其算，算減則人貧耗疾病，屢逢憂患，算盡則人死，諸應奪算者有數百事，不可具論。	超自然病因觀	微旨

序 號	內　　　　　容	外邪病因觀	篇　目
4	房中之法十餘家，或以補救傷損，或以攻治眾病，或以採陰益陽，或以增年延壽，其大要在於還精補腦之一事耳。此法乃真人口口相傳，本不書也，雖服名藥，而復不知此要，亦不得長生也。人復不可都絕陰陽，陰陽不交，則坐致壅閼之病，故幽閉怨曠，多病而不壽也。任情肆意，又損年命。唯有得其節宣之和，可以不損。若不得口訣之術，萬無一人為之而不以此自傷煞者也。	自然病因觀	釋滯
5	歲久則老矣，損傷則病矣，氣絕則死矣。	自然病因觀	辨問
6	世人以覺病之日，始作為疾，猶以氣絕之日，為身喪之候也。唯怨風冷與暑濕，不知風冷暑濕，不能傷壯實之人也，徒患體虛氣少者，不能堪之，故為所中耳。……由茲以觀，則人之無道，體已素病，因風寒暑濕者以發之耳。苟能令正氣不衰，形神相衛，莫能傷也。……故仙經曰：養生以不傷為本。此要言也。神農曰：百病不愈，安得長生？信哉斯言也。」	自然病因觀	極言
7	器盈志溢，態發病出。	自然病因觀	疾謬
8	夫風經府藏，使人惚悅，及其劇者，自傷自虞。	自然病因觀	酒誡

　　序號 5 中的「歲久則老矣，損傷則病矣，氣絕則死矣」，葛洪將人的老、病、死原因說得很清楚，這是屬於自然病因觀。序號 1 中說明人所以會死，原因有六個，包括「諸欲所損也，老也，百病所害也，毒惡所中也，邪氣所傷也，風冷所犯也。」其中諸欲所損也、老也、風冷所犯也、百病所害也屬於自然病因觀，而百病所害也，毒惡所中也，邪氣所傷也，則屬於超自然病因觀。認為超自然的精怪厲鬼是引起疾病的原因，反應人類早期「靈感思維」下的宇宙觀與生命觀，奠基於迄今尚未被人們完全認識的超自然力量，顯示人類精神活動下的文化景觀，這種來自原始社會的操作實踐工夫，不是屬於科學的範疇。還有序號 3 的「算減則人貧耗疾病，屢逢憂患，算盡則人死」是屬於超自然病因觀的因果報應之外，其餘都是屬於自然病因觀，這是由於魏晉時代的道教醫學在《黃帝內經》的基礎上，致力於對外邪自然病因觀的探討與了解，從道教的人體觀，可以知道人體是由精、氣、神這三大要素構成的，以氣為本，使內外身心相聯、形神相合的生命系統。在形神統一的生命觀下，道教構成了以精氣神為生命本質，以經絡和臟腑為生命主要形態的生理學說，這是造成自然病因觀較多的原因。

　　葛洪認為因為人體體虛氣少、正氣不足，所以外邪才得以入侵，在正邪發病的機理之中，明顯是「邪」占有主導的地位。當患者正氣衰弱後，外邪趁機入侵，或是邪靈直接攻擊人體。若是來自祖先降災的注病，則不須要以患者身體虛弱為條件，其餘多是因為正氣衰後，內在鬼邪招引外在鬼邪所造成的，所以必須要「邪氣發病」、「兩虛相得」才會患病。

　　道教從天人相應、天人一體的天人觀出發，將影響人體健康因素與個人機體、外界自然、社會環境緊密聯繫在一起，所以道教醫學對於疾病的治療，不單純只重視個人機體的身心治療，還會注重從病因外因的自然環境及社會環境進行「醫世」。

第二節　超自然的病因觀

　　醫術起源於巫術，二者有一段相當漫長巫醫的同源共軌現象，所謂「巫醫同源」，是指巫術與醫術都來自古老的原始文化，是早期人類的思維模式，意識到人類生存的自然環境到處存在著超自然的靈性力量，這種靈性力量是支配生死的關鍵，是導致疾病的原因。〔註21〕

　　疾病的形成是因為超自然秩序的失調與混亂，干擾了人主體存在的實踐場域。學者昌平認為：

> 病因觀往往在與鬼神祟人的鬼邪煞氣作祟有關，或者是人在對應自然環境、超自然環境過程中的失調，冒犯了超自然的靈性力量（鬼神），產生善惡報應的因果關係，或者是外在環境的風水失序等，造成了特殊時空的衝犯與不祥，導致身心因而染病成疾。〔註22〕

從以上敘述可以知道疾病是受到自然環境以及超自然環境的影響與支配，這種自然與超自然的病因觀，是社會文化的總體展現，顯示人交感神聖與世俗的精神面向，以人交感天地之間的自然秩序與人交感鬼神之間的超自然秩序，顯示出人們在宗教信仰下的和諧需求。從現實生活的秩序和諧來說，「天地」與「鬼神」是同等重要的，自然與超自然都是形上的價值存有，成為支配人間生活運作的方向與法則，也是生存場域平安和諧的保證。

　　傳統社會的病因觀，建立在以鬼神信仰為核心的超自然和諧上，疾病的形成是因為超自然秩序的失調與混亂，干擾了人主體存在的實踐場域。生理

〔註21〕 朱存民：《靈感思維與原始文化》（上海：學林出版社，1995年），頁329。
〔註22〕 昌平：《中國避邪術》（新疆烏魯木齊：新疆大學出版社，1994年），頁188。

疾病是受到自然環境以及超自然環境的影響與支配，進而發展出各種對應的法則與技術。各種趨吉避凶的手段，有禁忌、壓勝、符咒、法術等，這些對應的技術作用在於溝通神聖與世俗的生活，認為天地鬼神與人之間是有著相互感應的神秘聯繫，相信任何的災難與疾病都不是孤立或自發的自然現象，而是在於人與自然及超自然之間的相互交流與感應上，或許可以稱為「天人感應」。〔註23〕這種鬼神意識是傳承自原始社會古老宗教信仰下的深層精神活動，是以人作為主體來尋求鬼神世界的允諾與襄助，來安頓現實生活中的生、死、老、病等存在需要，人與超自然的交往，正是人們自身的生存基礎與生存活動本身。〔註24〕

　　學者張光直以「中國文化連續體」的觀念，來說明古老的薩滿文明一直是被中國文化延續下來的，繼承了史前的宇宙觀、巫術與天地人神的溝通等。〔註25〕傳統社會保有著連續型文明的特色，鬼神信仰的觀念，早已內化成為人們規律性的生活習慣，將人引到一個現實與精神參半的特定時空領域與文化氛圍中。〔註26〕人們在現實生活中，渴望能獲得超自然神明的庇護，因而採取取悅親近神靈的策略；希望能躲避或壓制產生各種疾病的邪祟，因而對鬼神採取驅趕疏遠的策略。傳統社會的病因觀認為，疾病的形成是因為超自然秩序的失調與混亂，干擾了人主體存在的實踐場域。因此需要仰賴各種能通神的巫師與道士，施行法術來進行人與超自然間的整體協調，以神聖的精神力量來指導實際的生活習俗，來解決人們各種生死攸關的重大問題。所以超自然的病因觀，不只是僅僅在解釋病因，更進一步還要追求與外在環境的整體和諧，其具體內容，本節將從天、自然關係系統的和諧秩序被破壞，分別從鬼魅作祟、祖先降災、時空衝犯以及因果報應四方面來說明超自然病因觀的內涵。在鬼魅作祟方面分成：靈魂不滅、魂魄觀念、鬼神祟人病因觀的變遷及三尸信仰來說明；在祖先降災方面分成：殃咎之說、注病或尸病來說明；在時空衝犯方面分成：時間衝犯、空間衝犯、時空衝犯來說明；在因果報應方面分成：紀算之說、與生命因果關係、道家戒律來說明。

〔註23〕金澤：《禁忌探祕》（香港：三聯書店，1994年），頁51。

〔註24〕苗啓明、溫益群：《原始社會的精神歷史架構》（雲南昆明：雲南人民出版社，1993年），頁122。

〔註25〕張光直：《考古學專題六講》（台北：稻香出版社，1988年），頁23。

〔註26〕彭兆榮、田原：《神靈文化與高原民俗》（貴州貴陽：貴州人民出版社，1991年），頁72。

一、鬼魅作祟

　　原始社會人的生命觀是建立在靈魂的精神實踐上，著重在人靈與神靈互通的超越境界，經由神話將人間擴展到神界，也將神界落實在人間，人靈與神靈之間是互為一體，人們可以藉由交通神靈的靈力，來實現自己的意志與願望。疾病起因於鬼魅作祟，這種觀念來自原始宗教的鬼神崇拜與祖先崇拜，古人意識到人死後靈性會離開肉體，成為鬼魂。在原始宗教裏鬼靈與神靈對人的作用是不相同的，神靈則是有利的靈體，會護佑人們的生態環境，代表著「善」的庇佑與護持，能福佑子孫，帶來平安吉利。鬼靈是有害的靈體，會危害人們的生存秩序，代表著「惡」的冤煞與災害，能降禍子孫，因此人們對這些靈體有了吉凶與利害的區分。儀式的操作行為傳達了趨善（神靈）避惡（鬼靈）的人性需求，顯示出人性是「趨近於善」。此外人們也經由儀式引進神靈之力來驅逐對治鬼靈，即是「以靈治靈」或稱為「以神治鬼」，引用神靈之力來驅逐鬼靈，重建和諧的生存環境。這顯示人性是朝「去惡從善」的方向來圓滿自我的生命，可說是以信仰的情操來領悟宇宙存有的法則，排除掉各種造成失序無常的惡。〔註27〕故鬼神崇拜是用來穩定人的靈性與鬼魂之間的和諧關係。

　　在現實世界裏，人們對鬼的態度是曖昧的，鬼神信仰存在著從衝突到和諧的辨證思維。一方面認為鬼雖然具有靈性，但是尚未臻至神性，經常與人性相互糾纏，屬於人與神之間的中介，此中介者的角色是與人們日常生活休戚相關，甚至象徵著人間秩序的破壞者，反映出人與鬼之間的糾葛、紛爭與冤恨等。〔註28〕另一方面鬼魅是屬於衝突的一方，以其邪惡形象，破壞了天地萬物的生存秩序，危害到人體的身心健康。因此人們將生活的疾病與災難，歸之於鬼魅的作祟降禍，進而對鬼魅採取敵對的手段，實行強制性的驅趕、劾殺與鎮壓等。〔註29〕

（一）靈魂不滅

　　「靈魂」是原始思維與原始宗教的主要文化內涵，認為人與萬物都有靈魂，靈魂才是生命活動的主體，是一種操控肉身的超自然力量，意識到人有物質性的肉身，也同時具有精神性的靈魂。靈魂與肉體是相互結合的，不是二元對立的，物質性的肉體中也有靈魂，靈魂依附在肉體中以產生動能。精神

〔註27〕德日進（Teillard de Chardin, S.J.）、李弘棋譯：《人的現象》（台北：聯經出版事業公司，1983年），頁260。

〔註28〕徐華龍：《中國鬼文化》（上海：藝文出版社，1991年），頁37。

〔註29〕賴亞生：《神秘的鬼魂世界》（北京：中國人民出版社，1993年），頁99。

性的靈魂來自早期人類對生命的主觀理解，認為靈魂可以脫離肉體而存在，具有非物質性、不死性的存有內涵。進而延伸到靈魂層次，追求靈魂與靈魂之間的相互感通，包含宇宙能量的溝通與安置，以確保世俗生活的穩定與和諧。

原始社會人的生命觀是建立在靈魂的精神實踐上，著重在人靈與神靈互通的超越境界，經由神話將人間擴展到神界，也將神界落實在人間，人靈與神靈之間是互為一體的，人可以經由交通神靈的靈力，來實現自己的意志與願望。所以人們對於生命的關懷不在於有形的肉體上，而是重視在與神性或人性相通的精神性靈魂，這是直接從靈魂的相互感通，來實現自我生存的保障。

靈魂是人體生命的核心主體，主宰著人生老病死的生命歷程，可說是生命動力的源頭，表現出形體特有的機能與作用。因此原始社會的人們在物質性的肉體方面，關注肉體的生命活動，重視生理需求；在精神性的靈魂方面，關注靈魂的精神活動，滿足精神需求。因此人們關注靈魂的生，忽略肉體的死，認為靈魂在肉體死亡時可能轉變成另一種生命形態而存在，學者樂蘅軍認為：

> 中國古代的變形神話，某一種形體在生命力動下，可以變形為另一種形體，靈魂不會因為肉體的死亡而死亡，以變形的方式獲得再生，可以從物質的存在上升為非物質的存在，或從有限的死達到無限的生。〔註30〕

死亡成為斷絕現實時間而回歸另一永恆時間的歷程，所以死亡不是生命的終了，而是到達再生的過程，宇宙原本就有成住壞空的圓形循環，人的生命是類同於宇宙，死亡不具備否定的意義，可以說是全宇宙與個人生命取得再生的契機。〔註31〕

「靈魂不滅」的觀念在原始社會已經成型，認為人的靈魂是可與動物的靈魂相互轉換，也可與鬼神的靈魂相互轉換，生命的外在形式是可以轉換的，靈性則是永恆長存的。在原始觀念裏，人性、物性與神性是相通的，靈魂的生命過程能周而復始、循環不已的運行，並且是恆久不滅的存在。〔註32〕所以靈魂是能在生死流轉中生生不已，跳脫時間與空間的限制，可以上下天地與神靈往來，有如圓形的循環，可以死而後生。

〔註30〕樂蘅軍：《古典小說散論》（台北：純文學出版社，1976 年），頁 27。

〔註31〕王孝廉：《中國的神話世界──各民族的創世神話及信仰》（台北：時報文化出版公司，1987 年），頁 579。

〔註32〕郭于華：《死的困惑與生的執著》（台北：洪葉文化事業公司，1994 年），頁 131。

（二）魂魄觀念

靈魂的觀念進入到人文社會之後，內容更為豐富與多元。先秦的「魂魄」觀是延續著原始社會的靈魂思想而來，視魂魄為生命的核心所在，認為魂魄與形體有著共生的關係。《左傳‧昭公七年》鄭子產提出他的魂魄觀說：

> 人生始化曰魄，既生魄，陽曰魂，用物精多，則魂魄強，是以有精爽，
>
> 至於神明，匹夫匹婦強死，其魂魄猶能憑依於人，以為淫厲。〔註33〕

鄭子產將靈魂分成魂與魄兩部分，當魄隨著肉體而生時，魂已經在其中了，二者主宰人體種種的知覺與活動，人死後，某些比較強的魂魄，仍然有活動的能力來作祟人間。

鬼神祟人是先秦時代病因觀的主流，〔註 34〕人們認為生病本身即暗示來自鬼神的處罰或警戒；因鬼神作祟而導致人心神不寧，在當時被認為是失德的結果。《韓非子‧解老》：「凡所謂祟者，魂魄去而精神亂，精神亂則無德。鬼不祟人則魂魄不去，魂魄不去而精神不亂，精神不亂之謂有德。」〔註 35〕從上述引文中可以知道，魂魄即是人體的精神能量，人活著的時候要保有魂魄，魂魄離身不僅精神錯亂與道德淪喪，還會導致死亡。魂魄的靈魂認知，肯定魂魄是生命的主體作用，魂魄聚身而生，魂魄離身而亡。

魂或稱為魂氣，魄或稱為形魄，兩者的生命形態不一樣，有「氣」與「形」之分，死後二者的歸宿也不一樣，如《禮記‧郊特牲》：「魂氣歸於天，形魄歸於地。故祭，求諸陰陽之義也。」當時也有以「陰陽」替代魂魄，以「陽」來指稱魂氣，以「陰」來指稱魄形，二者都是氣的作用。《論衡‧訂鬼》說：「夫人所以生者，陰陽氣也。陰氣主為骨肉，陽氣主為精神。」從以上所述可以知道魂氣是主宰了人的氣化之神，魄氣主宰了人的骨肉之形。人死亡時，魂回歸到天，魄回歸到地，二者各有不同的歸屬，所以魂魄也是屬於在天地氣化的運行作用之中。人是魂魄的和合，父母吸收了天氣、地氣，然後凝聚成人，所以人是由天地精華氣化而成。

魂魄也可以相應於鬼神，因為人是「道」的展現，所謂「一陰一陽之謂道」。意即魂氣與「神」相通屬於天，魄氣與「鬼」相通屬於地，人死後魂魄各有所歸，魂歸之於天成神與魄歸之於地成鬼，後來把這種歸宿的生命統稱

〔註33〕楊伯峻：《春秋左傳注》（高雄市：復文出版社，1991 年），頁 1292。
〔註34〕宋鎮豪：〈商代的巫醫交合和醫療俗信〉《華夏考古》，1995 年 1 期，頁 77～83。
〔註35〕陳奇猷：《韓非子集釋》（台北：華正書局，1974 年），頁 357。

爲「鬼」。學者蕭登福認爲：

> 人生命中的魂魄，死亡後是各自歸向於鬼神，魂強盛者能上升於天
> 爲神，魄強盛者能下降於地爲鬼，依人的生命力強弱各有歸天歸地
> 之屬。〔註36〕

由此觀之我們可以知道成神與成鬼，是依人的生命力強弱來決定，意即是由
人自身的生命能量來成就的，正如《周易‧繫辭上》說：「原始反終，故知死
生之說。精氣爲物，遊魂爲變，是故知鬼神之情狀。」所以人需要理解到魂
魄的生命現象，才能眞切領悟生死的意義，並且貼近鬼神的靈性。道教的理
想是希望透過醫療、宗教的力量，來幫助每個人可以成爲魂強者。筆者將《抱
朴子‧內篇》與「魂魄」有關的資料整理成表5－2。

表5－2：與「魂魄」有關的資料

序　號	內　　　　　容	篇　目
1	人無賢愚，皆知己身之有魂魄，魂魄分去則人病，盡去則人死。故分去則術家有拘錄之法，盡去則禮典有招呼之義，此之爲物至近者也。	論仙
2	山川草木，井竈洿池，猶皆有精氣；人身之中，亦有魂魄；況天地爲物之至大者，於理當有精神，有精神則宜賞善而罰惡。	微旨

序號1中的「人無賢愚，皆知己身之有魂魄」及序號2中的「人身之中，
亦有魂魄，況天地爲物之至大者，於理當有精神，有精神則宜賞善而罰惡。」，
《抱朴子‧內篇》的魂魄觀是承續先秦的「魂魄」觀，而先秦的「魂魄」觀
則是延續著原始社會的靈魂思想而來，視魂魄爲生命的核心所在。故序號 1
中的「魂魄分去則人病，盡去則人死」葛洪認爲：魂魄就是人體的精神能量，
魂魄分離也就是形神脫節，會導致人產生疾病；所以魂魄離身不僅會精神錯
亂與道德淪喪，魂魄盡去還會導致死亡。序號 2 的「人身之中，亦有魂魄」
及「有精神則宜賞善而罰惡」是說明由於魂氣屬於陽，能上升於天爲神，故
能具有賞善而罰惡的作用，形成後來道教的三尸信仰，屬於人身上的監察系
統，人若有犯罪就會上天報告司命之神，鬼神即會用奪算的方式，使人招致
疾病或是減壽，是主舉人們過惡和壽命的神。由此看來葛洪肯定魂魄是生命
的主體作用，魂魄聚身而生，魂魄離身而亡。

〔註36〕 蕭登福：《先秦兩漢冥界及神仙思想探原》（台北：文津出版社，1990年），頁
　　　　 28。

（三）鬼神祟人病因觀的變遷

只要有疾病存在的一天，鬼神的信仰就不會消失。疾病最深層的根源是恐懼，未知事物更是恐懼的淵藪。鬼神祟人是先秦時代病因觀的主流，[註37]人們認爲生病本身即暗示來自鬼神的處罰或警戒；因鬼神作祟而導致人心神不寧，在當時被認爲是失德的結果。這說明了人體中的魂魄、精神或德都是一種精微的氣，而「氣」同時蘊含道德倫理的意涵。[註38]西元前四世紀（約戰國莊子時期），是病因觀變遷的關鍵期。在這之前，病因主要是指人體的「外侵者」，如天象變化、鬼神祟禍等；而與此同時，特別值得注意的是內因說解釋的興起。不強調外邪對人體的危害，轉而強調人的情志所造成的疾病，因此特別著重內在精神的保養，與道家的養生論相互呼應。[註39]

學者李建民在探討〈先秦兩漢病因觀及其變遷──以新出土爲中心〉認爲：

> 戰國時期內因說的掘起，以及東漢中葉運氣醫學外因說的再發展，是病因觀發展的兩條線索。而鬼神致病說這一伏流，在東漢末年結合祖先崇拜及罪的意識的成形，再度受到重視，而「禁咒」等相關儀式性醫療技術，同時得到醫家的肯定，不僅在醫學佔有一席之地，並在日後道教形成時嘗試正典化、體系化。[註40]

從上述學者李建民的說明，我們可以知道來自超自然病因觀的「鬼神祟禍」的病因外因，從來沒有消失過。人鬼同域是古人的觀念，古代的庶民生活在「泛鬼論」的世界裏，這是承繼原始社會中的「靈感思維」。從湖北雲夢睡虎地秦簡《日書甲種‧詰咎篇》中可以看到形形色色的鬼神，會騷擾戲弄人，讓人生病嚴重致死，有些則讓人精神失常等，面對這些鬼神，〈詰咎篇〉提供不同的自力救濟方法。[註41]這些技術稱爲「解逐之法」，有時也叫「祝由」或「咒禁」之術。[註42]

[註37] 宋鎮豪：〈商代的巫醫交合和醫療俗信〉《華夏考古》，1995 年 1 期，頁 77～83。

[註38] 劉翔：《中國傳統價值詮釋學》（台北：桂冠圖書公司，1993 年），頁 93～105。

[註39] 徐復觀：《兩漢思想史》卷二（台北：學生書局，1993 年），頁 41～49。

[註40] 李建民：〈先秦兩漢病因觀及其變遷──以新出土爲中心〉《旅行者的史學──中國醫學史的旅行》（台北市：允晨文化，2009 年），頁 134～173。

[註41] 劉樂賢：〈睡虎地秦簡《日書詰咎篇》研究〉《考古學報》，1993 年 4 期，頁 435～454。

[註42] 李零：《中國方術考》（北京：東方出版社，2000 年），頁 330～340。

　　人面臨各種突如其來的、偶發的病痛，古人以爲是來自鬼神的騷擾；而儀式性的治療，不只是處理心理或精神相關的疾病，同時也針對各種軀體疾病。〔註43〕不過學者山田慶兒在有關馬王堆帛書《五十二病方》研究中指出：「咒術療法的範圍，仍然以與精神有關的疾病、沒法治療的疾病、偶發性疾病三者爲大宗」。〔註44〕所以當一個人「無故」患病，其實必須考慮鬼神或巫者爲祟，所以在基層社會中，鬼神作爲病因仍然是相當普遍的信仰。

　　筆者將《抱朴子‧內篇》與「鬼魅祟禍與疾病」有關的資料整理成表 5－3。

表5－3：與「鬼魅祟禍與疾病」有關的資料

序　號	內　　　　容	篇　目
1	俗人猶謂不然也，寧煞生請福，分著問祟，不肯信良醫之攻病，反用巫史之紛若	至理
2	俗所謂率皆妖僞，轉相誑惑，久而彌甚，既不能修療病之術，又不能返其大迷，不務藥石之救，惟專祝祭之謬，祈禱無已，問卜不倦，巫祝小人，妄說禍祟，疾病危急，唯所不聞	道意
3	當恃我之不可侵也，無恃鬼神之不侵我也。……任自然無方術者，未必不有終其天年者也，然不可以値暴鬼之橫枉，大疫之流行，則無以卻之矣。	道意
4	發瀋祟於幽翳，知禍福於未萌	勤求
5	況於匹夫，德之不備，體之不養，而欲以三牲酒餚，祝願鬼神，以索延年，惑亦甚矣。或頗有好事者，誠欲爲道，而不能勤求明師，合作異藥，而但晝夜誦講不要之書，數千百卷，詣老無益，便謂天下果無仙法。或舉門扣頭，以向空坐，烹宰犧牲，燒香請福，而病者不愈，死喪相襲，破產竭財，一無奇異，終不悔悟，自謂未篤。	勤求
6	林慮山下有一亭，其中有鬼，每有宿者，或死或病，常夜有數十人，衣色或黃或白或黑，或男或女。後郄伯夷者過之宿，明燈燭而坐誦經，夜半有十餘人來，與伯夷對坐，自共摴蒲博戲，伯夷密以鏡照之，乃是群犬也。伯夷乃執燭起，佯誤以燭燼爇其衣，乃作燋毛氣。伯夷懷小刀，因捉一人而刺之，初作人叫，死而成犬，餘犬悉走，於是遂絕，乃鏡之力也。	登涉

〔註43〕廖育群：〈中國古代咒禁療法研究〉《自然科學史研究》，12 卷 4 期，1993 年，頁 382。
〔註44〕山田慶兒：《夜鳴く鳥：醫學‧咒術‧傳說》（東京：岩波書店，1990 年），頁 8～9。

序　號	內　　　　　容	篇　目
7	昔石頭水有大黿，常在一深潭中，人因名此潭爲黿潭。此物能作鬼魅，行病於人。吳有道士戴昺者，偶視之，以越章封泥作數百封，乘舟以此封泥遍擲潭中，良久，有大黿徑長丈餘，浮出不敢動，乃格煞之，而病者並愈也。	登涉
8	若在鬼廟之中，山林之下，大疫之地，冢墓之閒，虎狼之藪，蛇蝮之處，守一不怠，眾惡遠迸。若忽偶忘守一，而爲百鬼所害。	地眞
9	其經曰，家有三皇文，辟邪惡鬼，溫疫氣，橫殃飛禍。若有困病垂死，其信道心至者，以此書與持之，必不死也。	遐覽
10	又此文（三皇內文）先潔齋百日，乃可以召天神司命及太歲，日游五岳四瀆，社廟之神，皆見形如人，可問以吉凶安危，及病者之禍祟所由也。	遐覽
11	不拯招魂之病，則無爲效越人之絕伎	外篇嘉遁

　　序號 1、2、4、10、11 的內容都與鬼魅祟禍導致疾病有關係，序號 1 的「分著問祟，不肯信良醫之攻病」序號 2 的「巫祝小人，妄說禍祟，疾病危急，唯所不聞」序號 5 的「或舉門扣頭，以向空坐，烹宰犧牲，燒香請福，而病者不愈，死喪相襲」，說明葛洪對民間的符水妖道抨擊就是他們不修療病之術，不務藥石之救，不能返其大迷，只執著於祝祭、祈禱、問卜等，根本本末倒置，被斥爲妖道。序號 3 的「暴鬼之橫枉，大疫之流行」序號 6 的「林慮山下有一亭，其中有鬼，每有宿者，或死或病」序號 7 的「昔石頭水有大黿，常在一深潭中，人因名此潭爲黿潭。此物能作鬼魅，行病於人。」序號 8 的「若在鬼廟之中，山林之下，大疫之地，冢墓之閒，虎狼之藪，蛇蝮之處，而爲百鬼所害。」這些告訴我們鬼魅可以是百鬼、精怪等各種的自然崇拜，序號 9、10 的「三皇內文」不僅可以「辟邪惡鬼，溫疫氣，橫殃飛禍。若有困病垂死，其信道心至者，以此書與持之，必不死也。」還可「問以吉凶安危，及病者之禍祟所由也」。面對這些鬼魅祟禍，〈三皇內文〉提供自力救濟的方法，稱爲「解逐之法」，也叫「祝由」或「咒禁」之術，是葛洪師徒認爲最具神效的道書。由此可知鬼神信仰存在著從衝突到和諧的辯證思維，這種病因觀是人類最早的精神性思維，與科學的眞假判斷無關，是經由信仰觀念而來的文化活動，屬於一種文化性的病因觀，將病因提昇到形上的神聖層次，以「鬼」的衝突來強化與「神」和諧的辯證需求。

（四）三尸信仰

有關鬼魅作祟的超自然病因觀，從先秦的鬼神祟人，到東漢末年鬼神致病說這一伏流，在東漢末年結合祖先崇拜及罪的意識的成形，再度受到重視，並在日後道教形成時嘗試正典化、體系化，而有了「三尸信仰」。三尸信仰是道教將鬼神致病說、傳統中醫理論思想以及道教勸善懲惡的教義三者結合，成為更精緻、系統的病因理論，產生具有威攝力的宗教教化功能。三尸是道教謂在人體內作祟的神有上尸、中尸、下尸，居於人體內的上中下丹田，屬於人身上的監察系統，人若有犯罪就會上天報告司命之神，鬼神即會用奪算的方式，使人招致疾病或是減壽，是主舉人們過惡和壽命的神。有關三尸的說法，是從漢代到西晉逐漸發展所形成的，《論衡・商蟲》說：「人腹中有三蟲，下地之澤，其蟲曰蛭。蛭食人足，三蟲食腸。」《三國志・魏志》名醫華陀傳記載有漆葉青黏散可驅除三蟲的藥方，葛洪則稱為「三尸」，其《神仙傳・劉根》中說：

> 神人曰：「必欲長生，先去三屍，三屍去，則意誌定，嗜欲除也。」
> 乃以神方五篇見授，雲：伏屍常以月望晦朔上天，白人罪過，司命奪人箕紀，使少壽。人身中神欲人生，而三屍欲人死，死則神散，返於無形之中，而三屍成鬼，而人享奠祭祀之，則得歆饗，以此利在人速死也。〔註45〕

關於三蟲，有學者認為是人體內的寄生蟲，有胃蟲、長蟲、寸自蟲，或是長蟲、赤蟲、蟯蟲等，可見中國古代醫學對於寄生蟲的認識發達很早。也有學者認為三蟲即三尸，其性質如鬼神之屬，〔註46〕將三蟲的寄生蟲的觀念轉化為三尸，也是漢人的通俗說法，被神仙道教吸收之後，成為主管人壽命的三尸信仰。

三尸又稱為三彭、三姑，依據道教經典記載：上尸名彭倨，居人頭；中尸名彭賀，居人腹；下尸名彭矯，居人足，這是後來的說法。由於三尸被神格化，「每到庚申之日，輒上天白司命，道人所為過失。」會在庚申日上天白人過失，後來逐漸形成庚申日時修道之士晚上不睡覺，以守候三尸不讓其上天陳過的習俗，稱為「守庚申」，形成「庚申信仰」，葛洪在《抱朴子・內篇・

〔註45〕 胡守爲：《神仙傳校釋》，頁179。
〔註46〕 藤翰治編：《中國的人生觀、世界觀》（東京：東方書店，1994年），頁259～271。

遐覽》所錄的《三尸集》，還有《抱朴子‧內篇‧微旨》中：「身中有三屍，三屍之爲物，雖無形而實魂靈鬼神之屬也。欲使人早死，此屍當得作鬼，自放縱游行，享人祭酹。」〔註47〕可以看出他保存的是早期較爲素樸的說法。

　　三尸是人身上的監察系統，人若有犯罪就會上天報告司命之神，鬼神即會用奪算的方式，使人招致疾病或是減壽。有關於三蟲、三尸，當時醫學已經有醫方醫療，華陀配製的藥散爲草本方，《神農本草經》中約有二十餘味藥物可以殺三蟲或是去三蟲的，如彼子去三蟲、蟲蠱、鬼疰、伏尸〔註48〕。《抱朴子‧內篇‧金丹》中有二種說法：一是「小丹法，丹一斤，……服如麻子三丸，日再服，三十日，腹中百病愈，三屍去；服之百日，肌骨強堅；千日，司命削去死籍，與天地相畢。」〔註49〕二是「又羨門子丹法，以酒和丹一斤，用酒三升和，曝之四十日，服之一日，則三蟲百病立下；服之三年，仙道乃成。」〔註50〕葛洪則相信金丹方，運用藥物的服食來驅除人身中的寄生蟲，這在當時的科學水準中，已是相當進步的科學觀念。他在此基礎上進一步將金丹神化，強調服丹可以去三尸，由司命削去死籍，進而成仙，這反應了葛洪金丹道派的立場。

二、祖先降災

　　疾病起因於祖先降災，這種觀念來自原始宗教的祖先崇拜，延續鬼魂信仰而來。古人意識到人死後靈性會離開肉體，成爲鬼魂。祖先降禍子孫，是奠基於祖先崇拜，是從古老文明延續下來的精神性觀念系統。祖先崇拜與鬼魂信仰不同的是人們對祖先的血緣情感，認爲亡者的靈魂是與家族相聯繫的，因爲彼此間具有血緣關係，所以祖先不是致災的鬼，而是庇護子孫的家族神，〔註51〕經由祭祀追頌祖先的功德，成爲祈禱求福的對象，故能福佑子孫，以保障族群的延綿與發達。人們有求於祖先，同樣地祖先也會有求於人，當祖先有求於後代子孫時，雖不是惡意的作祟，但是也會讓後代子孫招致疾病。所以疾病的形成，不完全是鬼魅作祟，也可能是另一個幽冥世界祖先所發出的訊息，期待後代子孫招致疾病之人，能夠自己解讀訊息，或者是經由

〔註47〕《抱朴子‧內篇‧微旨》，卷6，頁125。
〔註48〕楊鵬舉：《神農本草經校注》（北京：學苑出版社，2004年），頁189。
〔註49〕《抱朴子‧內篇‧金丹》，卷4，頁86。
〔註50〕《抱朴子‧內篇‧金丹》，卷4，頁79。
〔註51〕張鶴泉：《周代祭祀研究》（台北：文津出版社，1993年），頁130。

能交通鬼神的巫或道士來探詢疾病的原由，因而災難與疾病的形成，成爲陰陽兩界另一種溝通的管道與媒介。

（一）殃咎之說

祖先降災的病因觀，顯示出人與祖先是親近關係的連續體，同時也反映出神聖與世俗之間，有著不可分割的對應作用，所以疾病成爲聖俗交流的一種現象，其失調與失序的背後，有著某種渴望和諧的神聖力量的存在，而後代子孫的人，必須懂得如何接收與對治，才能重新回到人與超自然間的整體和調狀態。作爲病因外因超自然病因觀的祖先降災，反應了家族關係，特別是祖先的過失，以疾病的方式連累子孫而有的某種報應病。筆者將《抱朴子·內篇》與「殃、殃咎」有關的資料整理成表5－4。

表5－4：與「殃、殃咎」有關的資料

序　號	內　　　　　容	篇　名
1	又羨門子丹法，……此丹可以厭百鬼，及四方死人殃註害人宅，及起土功妨人者，懸以向之，則無患矣。	金丹
2	若算紀未盡而自死者，皆殃及子孫也。	微旨
3	禮天二十斤，……凡八十八斤。餘一十二斤，以好韋囊盛之，良日於都市中市盛之時，嘿聲放棄之於多人處，徑去無復顧。凡用百斤外，乃得自恣用之耳。不先以金祀神，必被殃咎。	金丹
4	其經日，家有三皇文，辟邪惡鬼，溫疫氣，橫殃飛禍。……不問地擇日，家無殃咎。	遐覽

序號1的「羨門子丹法，……此丹可以厭百鬼，及四方死人殃註害人宅，及起土功妨人者，懸以向之，則無患矣。」是說人因爲殃註而死，就會變成殃鬼來作祟，害人的住宅，這裡的人因爲殃註而死，指得是有血緣關係的家族成員。所以提出高懸羨門子丹，就可以避開殃鬼的作祟，不會有任何禍患了。作爲病因外因超自然病因觀的祖先降災，反應了家族關係，特別是祖先的過失，以疾病的方式連累子孫而有的某種報應病。序號2的「若算紀未盡而自死者，皆殃及子孫也。」是說如果算紀尚未用盡就自殺身亡的話，那麼這些災禍就會被留給子孫，由子孫來抵償責罰。序號3的「不先以金祀神，必被殃咎。」當黃金煉成之後，須要取出一百斤先設大祭，祭祀自有別法一卷，不與燒煉九鼎神丹之法相同。若是沒有先用這些黃金祭祀鬼神，必定會

遭受到祖先降下的災難。序號 4 的「家有三皇文，辟邪惡鬼，溫疫氣，橫殃飛禍。……不問地擇日，家無殃咎。」葛洪師徒認為《三皇內文》是最具神效的道書，家中如有《三皇內文》，就能避開邪惡鬼怪、防治瘟疫、免去各種飛來橫禍，面對這些祖先降災，《三皇內文》提供自力救濟的方法，假如獲得了這部書的道法，就可以不須要卜問風水寶地、選擇吉日良辰，家裏也不會遭到禍殃凶咎，可說是最具神效的道書。

這種來自祖先降災的病因觀，顯示出人與祖先是親近關係的連續體，同時也反映出神聖與世俗之間，有著不可分割的對應作用，所以疾病成為聖俗交流的一種現象，其失調與失序的背後，有著某種渴望和諧的神聖力量的存在，而後代子孫的人，必須懂得如何接收與對治，重新回到人與超自然間的整體和調狀態，以神聖的精神力量指導實際的生活習俗，來解決人們各種生死攸關的重大問題。故鬼神崇拜與祖先崇拜是用來穩定人的靈性與鬼魂之間的和諧關係。

（二）注病或尸病

在兩漢時期鬼祟論與新興的氣論進一步揉合，認為四時各有不同的流行病，疫氣傷人，故有集體性的儀式「儺」來驅除疾病。所謂虛邪，是指自然界能夠傷害人體的不正之氣，除了六淫邪氣外，自然界還有一種疫癘之氣，也就是瘟疫。這種邪氣不僅傷人重，更可怕的是帶有傳染性，一人受病，可傳染他人。例如成書於東漢的《神農本草經》〔註 52〕，在病因論方面結合了以「風」為主的氣論與鬼祟論二者；根據學者李建民的統計，《神農本草經》中涉及鬼祟相關的藥物，大約有五十餘種，〔註 53〕其中特別引人注意的是鬼疰之類的鬼祟之病最多，亦即今日結核性傳染病的肺結核。鬼疰的「疰」通「注」，有傳染的意思。《釋名·釋疾病》：「注病，一人死一人復得，氣相灌注也。」〔註 54〕鬼疰是死人透過尸氣、豕氣傳染給生人的疾病，嚴重的甚至滅門。〔註 55〕所謂「伏尸」是指遭人棄置不收、不殮並乏人祭祀的屍骨，可

〔註 52〕 王家葵、張瑞賢：《神農本草經研究》（北京：科學技術出版社，2001 年），頁39。

〔註 53〕 李建民：〈祟病與場所：傳統醫學對祟病的一種解釋〉《漢學研究》，12 卷 1 期 1994 年，頁 145～148。

〔註 54〕 畢沅：《釋名疏證》（台北：廣文書局，1979 年），頁 64。

〔註 55〕 萬方：〈古代注病及禳解治療考述〉《敦煌研究》，1992 年 4 期，頁 91～98。

以爲祟害人。無論是鬼疰或伏尸，都是東漢中晚期以下特殊祖先降災的鬼祟之病。

東漢末年的道經《老子想爾注》認爲：「以兵定事，傷煞不應度，其殃禍反還人身及子孫。」〔註56〕學者楊聯陞指出：「注連之義與《太平經》之承負相通。」〔註57〕注連是指新鬼返家作祟、引起禍事連綿不絕。故東漢中晚期興起的鬼注、尸注等所謂注病，這一類鬼神祟病的特色是集體、連續具有強烈傳染性，而且宗教意味十足的傳染病。葛洪在《抱朴子‧內篇‧仙藥》及《抱朴子‧內篇‧金丹》中有提到「子孫轉相註易」及「殃註」：

> 余又聞上黨有趙瞿者，病癩歷年，眾治之不愈，垂死。或云不及活，流棄之，後子孫轉相註易，其家乃齎糧將之，送置山穴中。瞿在穴中，自怨不幸，晝夜悲嘆，涕泣經月。有仙人行經過穴，見而哀之，……於是仙人以一囊藥賜之，教其服法。……仙人告之曰，此是松脂耳。〔註58〕

> 又羨門子丹法，以酒和丹一斤，用酒三升和，曝之四十日，服之一日，則三蟲百病立下；服之三年，仙道乃成，必有玉女二人來侍之，可役使致行廚，此丹可以厭百鬼，及四方死人殃註害人宅，及起土功妨人者，懸以向之，則無患矣。〔註59〕

從上述說明中可以知道當時染上註病之人，因爲不及活流棄之，常被家人遺棄在山穴裏，因爲害怕會繼續傳染給後代子孫。及人因爲殃註而死，會變成殃鬼來作祟，害人的住宅。所以提出服食「松脂」，可以治療註病；或者高懸羨門子丹，就可以避開殃鬼的作祟，不會有任何禍患了。作爲病因外因超自然病因觀的祖先降災，反應了家族關係特別是祖先的過失，以疾病的方式連累子孫而有的某種報應病。

魏晉以來對於這種病症，逐漸引起人們普遍注意而加以研究了。關於結核性傳染病的肺結核，葛洪已經認識到這類病有極強的傳染性，說：「尸注、鬼注病者，即是五屍之中尸注，又挾鬼神爲害也。」〔註60〕他認爲：

〔註56〕饒宗頤：《老子想爾注校證》（上海：古籍出版社，1991年），頁38。
〔註57〕楊聯陞：〈古史箚記兩條〉《中國文字》，12期1988年，頁103。
〔註58〕《抱朴子‧內篇‧仙藥》，卷11，頁206。
〔註59〕《抱朴子‧內篇‧金丹》，卷4，頁79。
〔註60〕王利器：《葛洪論》（台北市：五南出版社，1997年），頁86。

其病變動，乃有三十六種，至九十九種。大略使人寒熱淋漓，恍惚

默默，不知其所苦，而無處不惡。累年積月，漸就頓滯，以至於死。

死後復傳之旁人，乃至滅門。覺此候者，便宜急治之。〔註61〕

這裏「注」是傳染的意思，「尸」「鬼」則指病原體。葛洪明確指出患肺結的
人，會傳染，「死後復傳之旁人，乃至滅門」，因此特別告誡人們，一旦染上
此疾，應當及時隔離治療。

　　注病或尸病是《內經》時代醫書沒有記載的疾病，但在隋代巢元方等編
纂的《諸病源候論》中已有「尸病諸候」、「注病諸候」等系統性、總結性的
專章。〔註62〕後世道教醫家普遍重視對這類「尸注」或「鬼注」病的治療，
由此也創制了不少治療尸注鬼注之方。解注之術，並不同於針灸、藥物，而
是上章懺悔先人及己之罪，這是由於當時人認爲「尸注」或「鬼注」是挾鬼
神爲害，這種來自祖先降災的病因觀，顯示出人與祖先是親近關係的連續體，
同時也反映出神聖與世俗之間，有著不可分割的對應作用，所以疾病成爲聖
俗交流的一種現象，其失調與失序的背後，有著某種渴望和諧的神聖力量的
存在，是以神聖的精神力量來指導實際的生活習俗，來解決人們各種生死攸
關的重大問題。故鬼神崇拜與祖先崇拜是用來穩定人的靈性與鬼魂之間的和
諧關係。歸納起來中古中國，應該可以說是一個注病的恐慌年代。

三、時空衝犯

　　疾病起因於時空的衝犯，時間與空間本身也具有著超自然的力量。先民
對偶然發生的災禍，注意從時間和空間上找原因。殷周的巫史將人在不同時
間和空間行事順利與否依吉凶禍福記錄下來，逐漸形成許多禁忌，被道教吸
收。比如在時間上有所謂的「黃道吉日」與「黑道凶日」，是對應人生活中的
吉凶禍福，所以必須懂得如何避免與各種時煞的衝犯，以擇日的各種方法建
構出現實生活的防禦體系。〔註63〕所以古人在長期的生活經驗中，積累時間
上有各種對應吉凶的神煞，同樣地空間中也有各式各樣對應方位而來吉凶的

〔註61〕葛洪：《肘後備急方》卷二《治尸注鬼注方》（北京：人民衛生出版社影印明
　　　　刊本），頁20。
〔註62〕丁光迪主編：《諸病源候論校注》（北京：人民衛生出版社，1994年），頁682
　　　　～714。
〔註63〕金良年主編：《中國神秘文化百科知識》（上海：上海文化出版社，1994年），
　　　　頁284。

神煞，時間與空間的神煞是無所不在的，可以支配人的生老病死等命運禍福，也是形成疾病的重要原因之一。

（一）時間衝犯

時間本身具有著超自然的力量，所以在時間上有所謂的「黃道吉日」與「黑道凶日」，是對應人生活中的吉凶禍福，人必須懂得如何避免與各種時煞的衝犯，以擇日的各種方法建構出現實生活的防禦體系。筆者將《抱朴子‧內篇》與「時間衝犯」有關的資料整理成表 5-5。

表 5-5：與「時間衝犯」有關的資料

序　號	內　　　　　容	篇　名
1	年命在孤虛之下，體有損傷之危，則三屍因其衰月危日，入絕命病鄉之時，招呼邪氣，妄延鬼魅，來作殃害。其六厄並會，三刑同方者，其災必大。	雜應
2	世不同古，盜賊甚多，將何以卻朝夕之患，防無妄之災乎？抱朴子曰：常以執日，取六癸上土，以和百葉薰草，以泥門戶方一尺，則盜賊不來；亦可取市南門土，及歲破土，月建土，合和爲人，以著朱鳥地，亦壓盜也。	微旨

序號 1 的「年命在孤虛之下，體有損傷之危。」此處「孤虛」是指凶險時辰，屬於古代的方術用語。古代計日時，以十天干順次與十二地支相配爲一旬，所餘的兩地支稱爲「孤」，與「孤」相對者爲「虛」。在古代占卜推算術中，以天干謂之日，地支謂之辰，日辰不全則爲「孤虛」，「孤虛」之日爲凶險時辰，主事不成，就會「體有損傷之危，則三屍因其衰月危日，入絕命病鄉之時，招呼邪氣，妄延鬼魅，來作殃害」，屬於要避開的時間煞。「三刑同方」是古代星相家將十二地支與五行四方相配，據其生剋之理以推其凶吉。子卯爲一刑，寅巳申爲二刑，丑戌未爲三刑，凡是逢三刑之地則凶〔註64〕，故有「六厄並會，三刑同方者，其災必大」的說法，屬於要避開的空間煞。這些時間與空間的神煞是可以支配人的生老病死等命運禍福，也是形成疾病的重要原因之一。

序號 2 說明當今世道不同於古代，盜賊甚多，有什麼方法可以「卻朝夕之患，防無妄之災？」抱朴子回答「常以執日，取六癸上土，以和百葉薰草，

〔註64〕陳飛龍：《抱朴子內篇今註今譯》（台北：台灣商務印書館，2000 年），頁 608。

以泥門戶方一尺，則盜賊不來；亦可取市南門土，及歲破土，月建土，合和為人，以著朱鳥地，亦壓盜也。」其中「執日」指未日，術數家用建除法定十二時辰的吉凶。《淮南子‧天文篇》說：「律曆之數，天地之道也。……寅為建，卯為除，辰為滿，巳為平，主生。午為定，未為執，主陷。申為破，主衡。酉為危，主杓。」「六癸」指六癸之日、六癸之時。由此可以知道葛洪厭勝盜賊之法為在十二地支的未日以及逢十天干中的六癸之時，挖掘泥土，調合百葉香草，做成泥漿，塗抹門戶大小一尺見方，這樣的話盜賊就不會來了。也可以取是南門的泥土，以及歲中申日土，月中寅日土，配合調好攪拌泥漿做成人的形狀，把它放在朝南的朱鳥地上，這樣就可以鎮壓盜賊了。這就是古人對應日常生活中的吉凶禍福，以擇日的各種方法來建構現實生活的防禦體系，以避免與各種時煞的衝犯。

（二）空間衝犯

空間本身具有著超自然的力量，在空間上有所謂的「生地」與「死地」，是對應人生活中的吉凶禍福，所以古人在長期的生活經驗中，積累空間中各式各樣對應方位而來吉凶的神煞。筆者將《抱朴子‧內篇》與「空間衝犯」有關的資料整理成表 5－6。

表 5－6：與「空間衝犯」有關的資料

序　號	內　　　　　容	篇　名
1	有急則入生地而止，無患也。天下有生地，一州有生地，一郡有生地，一縣有生地，一鄉有生地，一里有生地，一宅有生地，一房有生地。	微旨
2	或曰：「一房有生地，不亦偪乎？」抱朴子曰：「經云，大急之極，隱於車軛。如此，一車之中，亦有生地，況一房乎？」	微旨

序號 1 的「有急則入生地而止，無患也。天下有生地，一州有生地，一郡有生地，一縣有生地，一鄉有生地，一里有生地，一宅有生地，一房有生地」，在說明「生地」，意即可以得生保全性命的地方，是屬於一種神聖的空間。所以當人們遇到緊急的情況，就可以到安全的「生地」，就可以避開災難了。葛洪告訴我們：天下都有安全的生地，一州有一州的生地，一郡有一郡的生地，一縣有一縣的生地，一鄉有一鄉的生地，一里有一里的生地，一宅有一宅的生地，一房有一房的生地。

序號2有人懷疑一間房子裏也有生地，不嫌窄狹嗎。抱朴子曰：「經云，大急之極，隱於車軾。如此，一車之中，亦有生地，況一房乎？」葛洪引用道經來回答：在極端危險的情況之下，可以隱藏在車子扶手下面，所以連一車之內都有安全的生地，更何況是一間房子呢？

由此觀之人的疾病有時是因為空間的衝突，是對各種神煞的漠視與疏忽，而引發災禍等衝突的情境，為了趨吉避凶的和諧需求，這些擇吉的技術於是因應而生，其中內涵著人們充滿希望的選擇，這種選擇來自於對空間的尊重，可以看成是一種為求生存的防範與進取的措施，也是人們追求與環境和諧的神聖思維，所以這些相應的避難技術並不是無稽的，是帶有濃厚的生態意識，也是文化關懷下的生命實踐。

（三）時空衝犯

時間與空間的神煞是無所不在的，可以支配人的生老病死等命運禍福，也是形成疾病的重要原因之一。筆者將《抱朴子・內篇》與「時空衝犯」有關的資料整理成表5－7。

表5－7：與「時空衝犯」有關的資料

序　號	內　　　　　容	篇　名
1	按周公城名錄，天下分野，災之所及，可避不可禳，居宅亦然，山岳皆爾也。又大忌不可以甲乙寅卯之歲，正月二月入東岳；不以丙丁巳午之歲，四月五月入南岳；不以庚辛申酉之歲，七月八月入西岳；不以戊巳之歲，四季之月入中岳；不以壬癸亥子之歲，十月十一月入北岳。	登涉
2	遁甲中經日，欲求道，以天內日天內時，劾鬼魅，施符書；以天禽日天禽時入名山，欲令百邪虎狼毒蟲盜賊，不敢近人者。出天藏，入地戶。凡六癸為天藏，六己為地戶也。	登涉
3	能守一者，行萬里，入軍旅，涉大川，不須卜日擇時，起工移徙，入新屋舍，皆不復按堪輿星歷，而不避太歲太陰將軍、月建煞耗之神，年命之忌，終不復值殃咎也。先賢歷試有驗之道也。	地眞
4	其經日，家有三皇文，辟邪惡鬼，溫疫氣，橫殃飛禍。……可以涉江海，卻蛟龍，止風波。得其法，可以變化起工。不問地擇日，家無殃咎。若欲立新宅及家墓，即寫地皇文數十通，以布著地，明日視之，有黃色所著者，便於其上起工，家必富昌。又因他人葬時，寫人皇文，並書己姓名著紙裏，竊內人家中，勿令人知之，令人無飛禍盜賊也。有謀議己者，必反自中傷。	遐覽

　　序號 1 的「天下分野」，分野是指與星次相對應的地域，屬於古代占星術中的一種概念；地上各州郡邦國和天上一定的區域是相對應，在該天區發生的天象，預兆著各對應地方的凶吉，屬於要避開的空間煞。「又大忌不可以甲乙寅卯之歲，正月二月入東岳；不以丙丁巳午之歲，四月五月入南岳；不以庚辛申酉之歲，七月八月入西岳；不以戊巳之歲，四季之月入中岳；不以壬癸亥子之歲，十月十一月入北岳」這是有關入五岳的禁忌，登山之道，尤其是入山時間的選擇，是很重要的禁忌，以上這些都是人們隱居山林時所要避開的時間煞，才能避免各種毒害、惡蟲、百鬼、精怪的傷害，使人產生疾病。

　　序號 2 的「以天內日天內時，劾鬼魅，施符書」，天內日天內時是指天芮星為值符之時日，天芮星是遁甲術中九星之一，遁甲術正是漢代術數之一，《遁甲經》除了指示禁忌需知，葛洪也引用其中合適的入山時日作為登涉者的參考。「以天禽日天禽時入名山，欲令百邪虎狼毒蟲盜賊，不敢近人者。」天禽日天禽時是指天禽星為值符之時日，天禽星也是遁甲術中九星之一。「出天藏，入地戶」是指要出通天府之門的方位，入地戶之門的方位。「凡六癸為天藏，六己為地戶也。」六癸指癸酉、癸未、癸巳、癸卯、癸丑、癸亥，是通天府之門。六己指己巳、己卯、己丑、己亥、己酉、己未，是通地戶之門的方位。所以六癸之時，就是通天府之門的方位，六己之時，就是通地戶之門的方位。對於月日的講究，為漢人對於干支、陰陽五行及易數的廣泛運用。《易緯乾鑿度》有太乙行九宮之法，以十二干支中的乙丙丁為三奇，戊己庚辛壬癸為六像，而以甲統之，以配九宮。按照加臨的吉守，作為趨避的參考，稱為「奇門遁甲」。

　　序號 3 的「太歲太陰將軍」，太歲指太歲之神，太陰將軍則是太歲神的別名；都是道教凶神的名稱，古代數術家認為：凡太歲神所在之方位及與之相反的方位，均不可興造、移徙和嫁娶、遠行，犯者必凶。「月建煞耗之神」也是道教凶神的名稱，月建是叢辰之名，陽建之神，不可面對其方向，所值之日，不可興造土功，這些都是人們要避開的出生年月等命運所忌諱時間、空間的神煞，才能不會遇到災禍凶咎。

　　序號 4 的「家有三皇文，辟邪惡鬼」，葛洪師徒認為《三皇內文》是最具神效的道書，家中如有《三皇內文》，就能避開邪惡鬼怪、防治瘟疫、免去各種飛來橫禍，假如獲得了這部書裏的道法，就可以隨意破土施工，不須要卜問風水寶地、選擇吉日良辰，家裏也不會遭到禍殃凶咎，可說是最具神效的

道書。《三皇內文》指的是〈天皇文〉、〈地皇文〉、〈人皇文〉各一卷，《抱朴子‧內篇‧雜應》說：「或以《三皇內文》召司命司危五岳之君。」是道教劾召、指使鬼神的符書，所以葛洪師徒認為最具神效的道書，從上述說明中，我們可以了解魏晉道教典籍的流傳與演變，具有重要的參考價值。

至葛洪時期，道教醫學更重視天、地、人三位一體互相關聯的思想，注意使人的身體和天、地、日、月的週期、頻率相適應，用順四時、調陰陽的方法來增進人體健康。這種病因觀顯示出超自然的神聖力量是永恆長存的，也是隨時伴隨在人的生態環境之中，所以人的疾病有時代表著時空的衝突，是對各種神煞的漠視與疏忽，引發病死災禍等衝突的情境，為了趨吉避凶的和諧需求，各種擇吉的技術於是因應而生，其中內涵著人們充滿希望的選擇，這種選擇來自於對時空的尊重，可以看成是一種為求生存的防範與進取的措施，也是人們追求與環境和諧的神聖思維，所以這種病因觀並不是無稽的，是帶有濃厚的生態意識，也是文化關懷下的生命實踐。〔註65〕

四、善惡報應

道教將「鬼神致病說」以及道教「勸善懲惡」的教義相互結合，成為更精緻、系統的因果報應病因理論，產生具有威攝力的宗教教化功能。疾病起因於因果的報應，在人與超自然的感應之下，鬼神也會考察人的善惡行為，並且加以賞罰，降下災難與疾病。這種善惡報應的觀念由來已久，例如《尚書‧商書》：「作善降之百祥，作不善降之百殃。」此外《韓非子‧安危》：「人行善則天賞之，行不善則天殃之。」都是說明了在人與超自然的感應之下，鬼神也會考察人的善惡行為，並且加以賞罰。人們認為生病本身即暗示來自鬼神的處罰或警戒；因鬼神作祟而導致人心神不寧，在當時被認為是失德的結果。這說明了人體中的魂魄、精神或德都是一種精微的氣，而「氣」同時蘊含道德倫理的意涵。道教最重視「善」，懂得「去惡向善」，保存身體上的整體和諧，就是倫理的醫療養生法。

（一）紀算之說

所謂紀算，與漢代盛行的司命之神信仰有關，就是監管人間過失的神，會依照人的行為增減其紀算，作為壽命長短的審判標準。罪的可計算化與司

〔註65〕劉沛林：《風水——中國人的環境觀》（上海：上海三聯書店，1995 年），頁171。

命之神的崇拜密切相關。學者杜正勝認為中國早期祈求長壽主要是向祖先禱請，天神或天帝在東周之後，取代祖先成為人世生命的來源與主宰；在此同時，與天帝相關管理人間生命的臣工組織也發展起來，有種種「司命」神祈的出現。〔註66〕「司命」神祈的成立，象徵天神對於人間事務的直接介入，他們的職司都與掌管人的生命有關，主要在糾舉人們的過惡和掌管壽命。

《禮記‧祭法》中王立七祀、諸侯立五祀，兩者皆以司命居首。《儀禮‧士喪禮》有「疾病祀於五祀」之說，似乎司命之神也涉及疾病之事。鄭玄認為司命者「此小神，居人間，司察小過，作譴告者爾。」這大概是司命崇拜在漢代的情況。〔註67〕《史記‧天官書正義》提到司命在虛北，主葬送；司非二星在危北，主潛過。東漢中晚期之後，司命與人身的尸蟲共同形成司過的系統，屬於稽察人間過失的小神，包括三尸、竈神及主持審判的司過之神。

魏晉時期道教極為重視道戒，並且認為神仙世界負責人間的善惡報應，遍佈全國的鬼神監督網逐步形成，連修仙的道士也要受到司命、司過之神的監督。葛洪認為「積善、陰德」是不病、修習仙道的基本條件，所以在行事上，要多做善行，以免被司命神扣除年命，故《抱朴子‧內篇‧微旨》說：

> 按易內戒及赤鬆子經及河圖記命符皆云，天地有司過之神，隨人所犯輕重，以奪其算，算減則人貧耗疾病，屢逢憂患，算盡則人死，諸應奪算者有數百事，不可具論。又言身中有三尸，三尸之為物，雖無形而實魂靈鬼神之屬也。欲使人早死，此屍當得作鬼，自放縱游行，享人祭酹。是以每到庚申之日，輒上天白司命，道人所為過失。又月晦之夜，竈神亦上天白人罪狀。大者奪紀。紀者，三百日也。小者奪算。算者，三日也。〔註68〕

從以上所述我們可以知道天地間的司過之神有三尸及竈神，三尸每到庚申之日，就會上天向司命之神說明道人的所為過失；竈神則在月晦之夜會上天白人罪狀，此處的月晦之夜是指每月的最後一個夜晚，但是《太平御覽‧淮南萬畢術》說：「竈神晦日歸天白人罪」，此處的晦日，則是指臘月二十三或二十四日。一個人犯下大過錯，司命之神會將他的壽命減少三百日，犯小過錯，司命之神會將他的壽命減少三日。

〔註66〕 杜正勝：《從眉壽到長生——醫療文化與中國古代生命觀》，頁159～202。
〔註67〕 王國維：《王國維學術隨筆》（北京：社會科學文獻出版社，2000年），頁6～7。
〔註68〕 《抱朴子‧內篇‧微旨》，卷6，頁125。

《易內戒》及《赤鬆子經》及《河圖記命符》是屬於緯書，緯書所保存的是漢世通說，說明不病、欲修長生之道者的禁忌。《易內戒》屬《易緯》，《河圖記命符》屬於《河圖緯》。緯書現在很多都佚失，還好《抱朴子‧內篇》保存了一小部分，後來日本《醫心方》卷二十六，去三尸注第八中也有引述，因而保留了紀算之說。從現存的《河圖握矩記》中「孝順二親，賜算二千，天司錄所表事，賜算中功。」由此可知：功是因行為的立善程度，而有上功、中功及下功，有功則可以增算增紀，延長壽命。反之則奪算奪紀，削減壽命，所以算紀之說是當時民間的功德思想。

（二）與生命善惡關係

《抱朴子‧內篇‧微旨》說：「凡有一事，輒是一罪，隨事輕重，司命奪其算紀，算盡則死。」此處說明算紀說與生命善惡之相互關係，因此筆者將「算紀說與生命善惡之關係」有關的資料，整理成表5－8。

表5－8：「算紀說與生命善惡之關係」有關的資料

序　號	事　因	結　果	篇　目
1	行惡事大者，司命奪紀，隨所犯輕重，故所奪有多少也	凡人之受命得壽，自有本數，若所稟本少，而所犯者多，則紀算速盡而早死	對俗
2	小過奪算	凡人之受命得壽，數本多者，則紀算難盡而遲死	對俗
3	但有惡心而無惡跡者	奪算	微旨
4	若惡事而損於人者	奪紀	微旨
5	若算紀未盡而自死者	皆殃及子孫	微旨
6	諸橫奪人財物者	或計其妻子家口以當填之，以致死喪，但不即至耳	微旨
7	其惡行若不足以煞其家人者	久久終遭水火劫盜，及遺失器物，或遇縣官疾病，自營醫藥，烹牲祭祀所用之費，要當令足以盡其所取之直也	微旨

他的「報應觀」是屬於比較素樸的道教初期思想，來自傳統中國社會的成份居多，基於因果律，算紀說與生命的因果關係中蘊含嚴峻的天算思想。序號5的「皆殃及子孫」，由子孫承受先人的禍殃，具有宗教意義的律法思想，在民間社會中可以彌補法律之不足與不彰，形成中國社會的「陰

律」，具有承負觀念。〔註69〕罪惡餘殃下及子孫，這是中國人「報」信念的一個側面，〔註70〕《太平經》說：「過無大小，天皆知之。簿疏善惡之籍，歲日月拘校；前後除算減年，其惡不止，便見鬼門。」〔註71〕由此觀之人的過錯可以量化，掌握人壽命的諸神記錄這些的失誤，所以子孫後代必須承擔前人之罪。在《太平經》的教義裏，認爲疾病之由，最主要的是祖先遺害或鬼神報應的結果。

（三）道家戒律

筆者將《抱朴子‧內篇‧微旨》中與「道家戒律」及「曾行諸惡事，後自改悔者」的補救之法有關資料，整理成表5－9。

表5－9：道家戒律與補救之法

序　號	因	果	補救之法
1	道家言枉煞人者	是以兵刃而更相殺	則當思救濟應死之人以解之
2	其取非義之財，不避怨恨	譬若以漏脯救飢，酖酒解渴，非不暫飽而死亦及之矣	則當思施與貧困以解之
3	若以罪加人		則當思薦達賢人以解之

此表可以看出神仙道教所展示小傳統的內容，序號1中的「枉煞人者」，結果「是以兵刃而更相殺」，這在《史記》《後漢書》就有這樣的因果報應法則，《史記‧王翦列傳》說：「夫爲將三世必敗，必敗者何也？必其所殺伐多矣。其後受其不祥」〔註72〕，可知先人殺人之罪歸於後代子孫。《後漢書‧耿合傳》說：「三世爲將，道家所忌。」〔註73〕因爲亡靈爲祟，會禍延嗜殺者的

〔註69〕 負承是先人的罪咎遞補給子孫的各種災禍，所以末世的鬼神不是偶然地騷擾人，而是永無寧日，甚至百鬼白晝出行，造成各式各樣的疾病叢生。因此早期道教提出各種誡律、術數來幫助人們解除罪過。這些世代報應觀經過神祕化、宗教化後，就成了「天道不爽」的規律。請參閱李豐楙：〈傳承與對應：六朝道經中「末世」說的提出與衍變〉《中國文哲研究集刊》9，1996年9月，頁94～101。

〔註70〕 楊聯陞：《中國文化中報、保、包之意義》（沙田：香港中文大學出版社，1987年），頁5～10。

〔註71〕 王明：《太平經合校》，頁526。

〔註72〕 司馬遷：《史記》（台北：鼎文書局，1984年），頁2341～2342。

〔註73〕 范曄：《後漢書》（台北：洪氏出版社，1978年），頁715。

子子孫孫；這些世代報應觀神秘化、宗教化之後，就成了天道不爽的規律。其次序號 1、2、3 的補救之法，葛洪都針對不同的惡因，提出了具體可以消災解厄的辦法，不論惡因的理由是什麼，解救之道都要「皆一倍於所爲，則可便受吉利，轉禍爲福之道也」，因爲陰德善行，可以致福佑，故可以成爲「轉禍爲福之道」，這是來自《易經‧文言》：「積善之家必有餘慶，積不善之家必有餘殃」〔註74〕的觀念。若是待人接物能做到「能盡不犯之，則必延年益壽，學道速成也。夫天高而聽卑，物無不鑒，行善不怠，必得吉報。」由此可以知道葛洪認爲修煉仙道的禁忌，主要是讓身體的虧損減少到最低的程度，才能不病，並且注意養生的方法，另外在行事上，要多做善行，以免被司命神扣除年命，因而提出增算、賜算的說法，與佛教的「業報說」有相互影響發明之處。等到佛教的因果報應觀念傳入後，其六道輪迴與地獄思想，更加深化民間積德與神救的報應習俗。〔註75〕

葛洪認爲：「善事難爲，惡事易作，……有陽譽者不能解陰罪，若以薺麥之生死，而疑陰陽之大氣，亦不足以致遠也。蓋上士所以密勿而僅免，凡庸所以不得其欲矣。」〔註76〕，由於先人的「餘慶」和「餘殃」往往是一體兩面的，在東漢中晚期一般人更擔心祖先的「陰罪」，會對於後代的生命造成威脅，所以葛洪說「有陽譽者不能解陰罪」，故上士「密勿而僅免」，所以謹愼而能免除災難，「凡庸所以不得其欲矣。」對於學道之士必須嚴守戒律，最大的考驗是果報不明顯而常人常懷疑「天地之不能臧否」，葛洪則認爲天神具有無所不知、無所不能的能力。

這種因果報應的病因觀，表面說的是人的善惡行爲，實際則是鬼神崇拜下的果報信仰，形成天道不爽的「天算思想」，代表小傳統中的「陰律」，顯示個人生命的主體和諧，是建立在與超自然的鬼神關係之上，仍舊是一種跨越衝突的辯證思維，雖然強調人在行爲上的積善行道，是可以導致福佑的，但是福善禍淫的超自然力量，仍舊宰制了人間的生存秩序。人間災害與疾病的形成，是被超自然力量所掌握與支配，是對應著鬼神的護佑與懲罰而來；疾病正是因果報應下的懲罰，是人們難逃的宿命。神仙道教的葛洪提出「爲道者當先立功德」的人性修行，可以看成是人們對治超自然病因觀的手段，

〔註74〕周振甫：《周易譯註》（北京：中華書局，1996年），頁16。
〔註75〕劉道超：《中國善惡報應習俗》（台北：文津出版社，1992年），頁100。
〔註76〕《抱朴子‧內篇‧微旨》，卷6，頁127。

但是這種修行的背後，來自對於鬼神的崇拜，深信疾病的形成，是牽連著複雜的因果關係與報應關係。

天神所具有的觀察力，以及司命、司過的審判力、三尸、竈神的伺察力，構成了中國社會小傳統的「陰律」。漢晉之際各種新興的宗教蓬勃發展，嘗試將民間信仰與外來、新興的教義結合，成為民間社會的普遍而深入人心的道德律，葛洪將它與病因觀、長生說相互結合，可以說是養生學史上的里程碑之一。

從以上所述我們可以知道來自原始社會古老的宗教信仰從未消失，「鬼神」觀念始終位於傳統文化的核心位置上，人與天地的自然和諧是建立在人與鬼神的超自然和諧上，自然崇拜歷久不衰，宇宙萬物都是具有靈性，主宰著人的吉凶禍福。人所面對的天地萬物都是具有靈性，有著不同善惡的對應關係，其中有散播疾病的精怪鬼魅，同時也有各種庇護眾生的靈神。〔註 77〕這種鬼神意識是傳承自原始社會古老宗教信仰下的深層精神活動，是以人作為主體來尋求鬼神世界的允諾與襄助，來安頓現實生活中的生、死、老、病等存在需要，人與超自然的交往，正是人們自身的生存基礎與生存活動本身。

第三節　自然的病因觀

中國哲學大約在商周之際，「鬼神」的觀念逐漸被「天地」的形上觀念所取代，鬼神的超自然力被轉化為天地的自然運行原理，同時被視為宇宙理性的精神存有，開啓了人文性精神文化的基型。〔註 78〕傳統社會中形上的哲學思維保有觀念的主導地位，在精神系統的建構上，宗教與哲學的關係非常密切，可以說是相互滲透與彼此成長。「天地」的自然觀念與「鬼神」的超自然觀念，二者之間是有相當程度重疊在一起的。「天地」的超越形上力量實際是脫胎於鬼神的天命信仰，「天地」可以只是抽象的存在之理，也可以與「鬼神」結合成為宇宙最高的主宰，其中有著極大的模糊地帶，讓雙方各有著力點，避開對立的衝突情境。學者鄭志明認為：

> 比如哲學上的「天人合一」，人與天可以僅是形上的自然關係，建構
> 出心性與天地的精神性聯繫，在天理與人理的感通上有一貫的統一
> 性。同樣地，宗教也可以採用哲學的「天人合一」理論，發展出「神

〔註 77〕何星亮：《中國自然神與自然崇拜》（上海：三聯書店，1992 年），頁 35。
〔註 78〕徐復觀：《中國人性論史先秦篇》（台北：台灣商務印書館，1996 年），頁 32。

人合一」的宗教體系，經由「人」將「天」與「神」重新結合在一起，將自然與超自然進行形上的聯結，這種聯結在漢代的「天人感應」思想中已有體系性的建構。〔註79〕

在傳統社會裏「神」是泛指一切的鬼神，其中可以分為兩組，即「天地人一體」與「人鬼神一體」，顯示人的存在，可以交感天地，同時也可以交感鬼神，人的存在必須維持與天地的自然和諧，更須要鞏固人與鬼神的超自然和諧。天地的宇宙觀念與鬼神的靈性觀念，都是在人之上的抽象存有，在人的實有位置上，同時對應著四個虛靈的「天地鬼神」之位。

「天人感應」的觀念，有哲學的意義，也有宗教的意義，把人體視為宇宙的一部分，彼此對應成統一的複合體，部分與整體之間存在著互涵與相關的關係。〔註80〕這樣的觀念提高了「人」的主體存在價值，主張人與天地是同理的存有，必須遵循宇宙運行的法則，掌握到氣化流行的規律。如此一來人與天地有同原、共理與相互對應的關係，所以可以經由天地的運行理則來追究人體的身心狀況，同理也可以經人體的生理、病理規律來參與天地的自然秩序，亦即人們能夠從天地自然現象的生發原理，來推知或驗證人體的生命法則。認為人體的身心疾病是受到天地自然環境的影響，天象、氣候、物候等氣化運行的現象都會支配人體的病候。〔註81〕這種病因觀結合了複雜的象數理論，更加強化人體與宇宙有機聯繫的規律追求，甚至認為宇宙與人體是全息對應的，人們可以根據這些對應的關係，來進行診斷與治療。〔註82〕

自然病因觀理論強調人體與天地的對應法則，肯定人的生命可以經由「天人感應」落實在自然的運行規律中，所以人的形體存在也要法天則地，並且根據陰陽五行的時空對應法則來治理其身，肯定人的生命必須要結合空間、時間與周圍環境，才能有效地進行保養與治療。所謂「自然的運行規律」，學者認為：

> 不只是科學的物質實驗，還涉及到形而上的宇宙觀念，是將人與宇宙進行精神性的生命聯結，發展出特殊的生命與宇宙共振的圖式，探究天時地理的自然氣候變化，對人體生理與病理的感應與會通之

〔註79〕鄭志明：《宗教與民俗醫療》（台北：大元書局，2004 年），頁 93。
〔註80〕薛公忱主編：《中醫文化溯源》（南京：南京出版社，1993 年），頁 43。
〔註81〕鄔良：《人身小天地——中國象數醫學源流》（北京：華藝出版社，1993 年），頁 135。
〔註82〕劉杰、袁峻：《中國八卦醫學》（山東青島：青島出版社，1993 年），頁 486。

理，是將人的生命體等同於自然的宇宙體，或者身體本身就是一種
小宇宙，彼此間產生了共振效應，當這種共振波受到干擾，人體就
會百病叢生。〔註83〕

這種自然病因觀背後，傳承了中國傳統社會中的宇宙論與形而上學，是一種
民族文化的病因觀，它來自於長期思維模式的理性思考，形成了生命本質的
文化信仰，從天人合一到天人感應，人體也被納入到宇宙的原理之中，配合
陰陽五行等宇宙生成論與生命構造說，發展出獨特的人體醫學，認為人體經
由經絡運行氣血，維持自身與外在自然環境的動態平衡，當此一動態平衡遭
受到破壞，而人又無法立即有效調整，導致陰陽五行失調，於是引發了人體
的各種疾病。

　　所以和諧與衝突的辯證關係，仍是疾病形成的原因，超自然的失調與自
然的失調，都是疾病形成的主因。這種自然病因觀，是從天人同構的宇宙關
係處，來說明人失去了整體對應的秩序，故而無法達到「天人一物」與「內
外一理」的有機聯繫。〔註84〕這種有機聯繫的斷裂與衝突，其具體內容，筆
者本節將從人、個人機體系統的和諧秩序被破壞，分別從陰陽失調、五行失
序、氣運混亂以及形神脫節四方面來說明自然病因觀的內涵。在陰陽失調方
面：從升降陰陽、房中陰陽來說明；在五行失序方面：從五行特性、五行生
勝（剋）乘侮、五行運用來說明；在氣運混亂方面：從氣血虧損、五運六氣
學說來說明；在形神脫節方面：從形神關係、精、氣、神之關係來說明。

一、陰陽失調

　　疾病起因於陰陽的失調，陰陽是宇宙中時間推移的循環原理，是處在相
對平衡的動態狀態，《周易‧繫辭上傳》說：

一陰一陽之謂道，繼之者善也，成之者性也。〔註85〕

意指宇宙間的一切現象變化，是相互對應的陰與陽的相互作用。兩方面既是
互相對立，又互相聯繫、互相依存，少了一方，他方就不能存在。此種既對

〔註83〕陳樂平：《出入命門──中國醫學文化學導論》（上海：上海三聯書店，1991
年），頁115。
〔註84〕何裕民、張曄：《走出巫術叢林的中醫》（上海：文匯出版社，1994年），頁
270。
〔註85〕黃壽祺、張善文：《周易譯註》（台北縣：鼎淵文化，2004年9月三刷），頁
538。

立又統一的關係，正是事物內部陰陽兩個方面「相感」、「相推」、「相摩」、「相盪」，從而引起事物的運動變化。在陰陽交錯往來中，陰退陽進，陽隱陰顯，多少雖不一致，但必然交互作用，相反相成，循環不已，這一陰一陽的交互作用就是自然運行的法則。「變化」說明了發展的機制和動力，「發展」則指出了變化的方向和前途。所以陰陽的內涵爲陰陽是相對的，陰陽會變動，同時陰陽也是合一的，是一體二面，合則爲一，分則爲二的。

（一）升降陰陽

先秦陰陽學說主要表現在《黃帝內經》的陰陽觀上，《素問・陰陽應象大論》說：「陰陽者，天地之道也，萬物之綱紀，變化之父母，生殺之本始，神明之府也，治病必求於本。」〔註86〕是說明陰陽是天地運行的道理，生命與生病死亡的本始，所以治病要從本源處著手，就是要能體會陰陽消長變化的道理。這裏明確指出陰陽是事物運動變化的規律。傳統醫學將人置於整個大自然之中，以「人與天地相參」即天地人三位一體的整體觀念，來探討人體與自然界的季節交換和陰陽升降之間的關係。

陰陽變化有其保持和諧的規律性，人體也被視爲是陰陽兩氣的生成物，所以運動、變化與發展，也必須要配合陰陽的運行原理，努力地化解衝突回到和諧的情境，才能躲避各種疾病。宇宙的陰陽有寒暑，人體的陰陽有冷熱，寒暑不能無常。冷熱不可失調。人體的生理就如同氣候一般，重視陰陽的交會與調和，二者之間要不斷地進行陰陽升降交感的運動，不可以偏執單方，經常保持在和諧、協調的情境中，才會有康泰的人體。筆者將《抱朴子》中與「昇降陰陽」有關的資料，整理成表 5－10。

表 5－10：與「昇降陰陽」有關的資料

序 號	內　　　　　容	篇　目
1	濳遁放逸，養其浩然，昇降不爲之虧，大化不爲之缺也。	釋滯
2	人道當食甘旨，服輕暖，通陰陽，處官秩，耳目聰明，骨節堅強，顏色悅懌，老而不衰，延年久視，出處任意，寒溫風濕不能傷，鬼神眾精不能犯，五兵百毒不能中，憂喜毀譽不爲累，乃爲貴耳。	對俗

〔註86〕（唐）王冰次注、（宋）林億等校正：欽定《四庫全書》子部三九醫家類《黃帝內經・素問》，第七三三冊（上海市：上海古籍出版社，1987 年），頁 16。

序　號	內　　　　　容	篇　目
3	元君者，大神仙之人也，能調和陰陽，役使鬼神風雨，驂駕九龍十二白虎，天下眾仙皆隸焉，猶自言亦本學道服丹之所致也，非自然也。	金丹
4	天地之情狀，陰陽之吉凶。	登涉
5	況乎人理之曠，道德之遠，陰陽之變，鬼神之情，緬邈玄奧，誠難生知。	外篇勖學
6	物既然矣，人亦如之。故能調和陰陽者，未必能兼百行修簡書也。	備闕
7	陰陽相沴，寒燠繆節，七政告凶。	吳失
8	抱朴子曰：陰陽以廣陶濟物，三光以普照著明。	廣譬
9	玄寂虛靜者，神明之本也；陰陽柔剛者，二儀之本也。	循本
10	陰陽陶冶，萬物群分也。	詰鮑

　　序號 1「昇降不為之虧，大化不為之缺也。」中的昇降是指陰陽的消長平衡，消長又稱為「消息」，平衡則是對消長「度」的控制，意即消長要處於一定的範圍、限度的時空之內。消長是絕對的、無休止的，而平衡則是相對的、有條件的。序號 6 的「故能調和陰陽者」是指陰陽寒暑的配置調適，序號 7 的「陰陽相沴，寒燠繆節」是指陰陽互相差錯，寒暖節氣謬誤，序號 8 的「陰陽以廣陶濟物」是說陰陽二氣，以廣泛陶冶的方式救助蒼生，序號 9 的「陰陽柔剛者，二儀之本也」是說陰陽、柔剛兩相對立，古代用陰陽來解釋宇宙萬物的生存與變化。序號 10 的「陰陽陶冶，萬物群分」是指陰陽二氣相互陶冶，造就萬物分門別類的景象。歸納來說，這些都是指陰陽是事物運動變化的規律與動力。陰陽消長有四種情形：一是陽或陰自身的消長，二是陰陽互為消長，三是陰陽互長，四是陰陽互消。從陰陽消長平衡的認識，體現了前賢對陰陽雙方始終處於運動變化狀態的一種深刻把握。而「陰平陽秘」便是對這種理想狀態的概括。

（二）房中陰陽

　　這種陰陽平衡與陰陽和諧的觀念也被運用到兩性的關係上，以追求夫妻一體的和合互補。〔註87〕人體本身也是陰陽兩氣的作用，陰陽調和被視為人體健康的主要依據與追求目標，要求體內陰陽相互交會與滲透，進而能互補

〔註87〕閻家胤主編：《陽剛與陰柔的變奏──兩性關係和社會模式》（北京：社會科學出版社，1995 年），頁 147。

與互濟，避免過冷或過熱的衝突情境，造成器官機能的衰竭，叢生出各種病變。

筆者將《抱朴子・內篇》中與房中「陰陽」有關的資料，整理成表 5－11。

表 5－11：與房中「陰陽」有關的資料

序　號	內　　　　　容	篇　目
1	然又宜知房中之術，所以爾者，不知陰陽之術，屢爲勞損，則行氣難得力也。	至理
2	夫陰陽之術，高可以治小疾，次可以免虛耗而已。其理自有極，安能致神仙而卻禍致福乎？人不可以陰陽不交，坐致疾患。若欲縱情恣欲，不能節宣，則伐年命。	微旨
3	人復不可都絕陰陽，陰陽不交，則坐致壅閼之病，故幽閉怨曠，多病而不壽也。任情肆意，又損年命。唯有得其節宣之和，可以不損。	釋滯
4	陰陽不交，傷也。	極言

　　陰陽結合而生萬物，則與男女結合而繁衍昌盛相似，由此觀之，陽是男道，陰是女道。房中術是專對夫妻而發展出來的「陰陽之術」。序號 1 的「然又宜知房中之術，所以爾者，不知陰陽之術，屢爲勞損，則行氣難得力也。」房中術與行氣有關，屬於補助修煉、避免勞損的陰陽之術。序號 2、3、4 都提到了「人不可以陰陽不交」，這是葛洪對於房中術的態度，他承辦「男女飲食，人之大欲存焉」，所以不可以陰陽不交，否則會坐致壅閼之病。故而對房中的看法是需要正視其道，節制而有法，才能達到輔養、順暢治小疾的效益。由此觀之神仙道教對於人性的本能，是採取「唯有得其節宣之和，可以不損」的態度，是合理的。葛洪在《抱朴子・內篇・微旨》引用「玄素論之水火，水火煞人，而又生人，在於能用與不能耳」來說明房中陰陽的關係，可說是相當精譬的比喻。葛洪認爲學道者對房中也要「善其術」，方能「終其所稟之天年」。道教的房中醫療也是長生修仙的基礎，認爲男女雙修是能合乎宇宙的陰陽法則，可以培根固本，達到人運中興的作用與目的。〔註88〕

　　古代醫家把陰陽學說密切地結合到醫學領域中來，從形質到功能、病因到病機、診斷到辯證、治法到方藥、針灸到按摩等等，陰陽學說無所不包，

〔註88〕 胡孚琛、呂錫琛：《道學通論——道家、道教、仙學》（北京：社會科學文獻出版社，1999 年），頁 419。

有效指導著醫學的理論思維與治療實踐。人體本身也是陰陽兩氣的作用，陰陽調和被視為人體健康的主要依據與追求目標，要求體內陰陽相互交會與滲透，進而能互補與互濟。從生理功能屬性來說，推動、氣化、興奮、激發及制約寒涼等功能屬陽，滋潤、濡養、寧靜、抑制及制約溫熱等功能屬陰；所以人體要避免過冷或過熱的衝突情境，以免造成器官機能的衰竭，叢生出各種病變。陰陽調和可以促進個人機體系統的自我調節能力，因勢利導就能展現出養生與療病的自治功能。

二、五行失序

五行是指五種物質的元氣，作為氣與萬物之間的中介，有著五種運行的規律，五行學說認為五行結構中每一行都與其他四者發生一定的關係，相生和相勝（剋）是最基本的。五行是用來補充說明天地萬物之間，氣化的制約與五行彼此間生化的關係，產生相生、相剋的運行規律。五行之說可以用來解釋宇宙演變過程的複雜情況，從而擴充「萬物綱紀」的對應關係。相生者，包括「生我」與「我生」；相勝者，包括「我勝」與「勝我」。《黃帝內經》根據「同氣相求」的理論，認為同一行的事物與現象之間有著相互感應的聯繫；從而建構「天人合一」的五行系統，使五行臟象系統變成聯絡宇宙萬物，表示它們之間相互聯繫、相互作用的一個功能性模型。

（一）五行特性

《黃帝內經》把《尚書‧洪範》的五行特性運用到醫學領域，將人的臟腑、形體、官竅、情志等分歸於五行，如五臟配合五行，肝主升發疏泄故屬木，心主行血暖身故屬火，脾主運化精微故屬土，肺主清肅之性故屬金，腎主閉藏精氣故屬水，這是取象比類法的應用。又如肝屬木，肝與膽互為表裏，其在體合為筋，在志為怒，開竅於目，在液為淚，其華在爪，故膽、筋、怒、目、淚等也歸屬於木，同理，因心屬火，故小腸、脈、喜、舌、汗等也歸屬於火，這是推演絡繹法的應用。

《黃帝內經》根據「同氣相求」的理論，認為同一行的事物與現象之間有著相互感應的聯繫；從而將人的五行和自然界的五時、五方、五味、五色、五聲等普遍聯繫成為一個有機整體，從而建構「天人合一」的五行系統，使五行臟象系統變成聯絡宇宙萬物，表示它們之間相互聯繫、相互作用的一個功能性模型。《抱朴子‧內篇‧塞難》說：

且夫腹背雖包圍五臟，而五臟非腹背之所作也。肌膚雖纏裹血氣，
而血氣非肌膚之所造也。天地雖含囊萬物，而萬物非天地之所爲也。

〔註89〕

人的腹部、背部雖然將五臟包圍住了，但是五臟並不是腹部、背部所製造出
來的，肌膚裏雖然纏裹著血氣，而血氣不是由肌膚所製造的，而是萬物感受
到天地的陰陽五行之氣，自然而然所生成的。

（二）五行生勝乘侮

五行學說認爲五行結構中每一行都與其他四者發生一定的關係，相生和
相勝（尅）是最基本的。相生者，包括「生我」與「我生」；相勝者，包括「我
勝」與「勝我」。五行相生的規律是「水生木，木生火，火生土，土生金，金
生水。」五行相勝的規律是「木勝土，土勝水，水勝火，火勝金，金勝木。」
《素問‧五運行大論》說：「氣有餘，則制己所勝而侮所不勝，其不及，則己
所不勝侮而乘之，己所勝輕而侮之。侮反受邪，侮而受邪，寡於畏也。」〔註
90〕這是說明五行相乘和相侮的病理關係。「相乘」即乘其亢盛之氣而侵凌其所
勝者；「相侮」即憑其氣之有餘而反尅其不勝者。五行生尅和五行乘侮的差別
在於：生尅是正常的生理關係，乘侮則是異常的病理關係。五行的生尅乘侮，
分別反應著「承制」和「亢害」，「承制」爲常，包括生、尅兩方面；「亢害」
爲變，即無制之妄動，包括了相乘和相侮。《素問‧六微旨大論》說：「亢則
害，承迺制，制則生化，外列盛衰，害則敗亂，生化大病。」〔註91〕由此可
知「亢害承制」之論對後來的醫家影響很大。

筆者將《抱朴子‧內篇》與「五行生尅」有關的資料整理成表5－12。

表5－12：與「五行生尅」有關的資料

序　　號	內　　　　　　容	篇　目
1	人服藥以養性，云有所宜，有諸乎？」抱朴子答曰：「按玉策記及開明經，皆以五音六屬，知人年命之所在。子午屬庚，卯酉屬己，寅申屬戊，醜未屬辛，辰戌屬丙，巳亥屬丁。一	仙藥

〔註89〕《抱朴子‧內篇‧塞難》，卷7，頁136～137。
〔註90〕（唐）王冰次注、（宋）林億等校正：欽定《四庫全書》子部三九《黃帝內經‧
　　　　素問》醫家類，第七三三冊，頁216。
〔註91〕（唐）王冰次注、（宋）林億等校正：欽定《四庫全書》子部三九《黃帝內經‧
　　　　素問》醫家類，第七三三冊，頁219。

序　號	內　　　　　容	篇　目
	言得之者，宮與土也。三言得之者，徵與火也。五言得之者，羽與水也。七言得之者，商與金也。九言得之者，角與木也。若本命屬土，不宜服青色藥；屬金，不宜服赤色藥；屬木，不宜服白色藥；屬水，不宜服黃色藥；屬火，不宜服黑色藥。以五行之義，木克土，土克水，水克火，火克金，金克木故也。若金丹大藥，不復論宜與不宜也。	
2	靈寶經曰，所謂寶日者，謂支乾上生下之日也，若用甲午乙巳之日是也。甲者，木也。午者，火也。乙亦木也，巳亦火也，火生於木故也。又謂義日者，支乾下生上之日也，若壬申癸酉之日是也。壬者，水也。申者，金也。癸者，水也。酉者，金也，水生於金故也。所謂制日者，支乾上剋下之日也。若戊子己亥之日是也。戊者，土也。子者，水也。己亦土也，亥亦水也，五行之義，土克水也。所謂伐日者，支乾下剋上之日，若甲申乙酉之日是也。甲者，木也。申者，金也。乙亦木也，酉亦金也，金克木故也。他皆仿此，引而長之，皆可知之也。	登涉
3	然不睹金雖剋木，而錐鑽不可以伐鄧林；水雖勝火，而升合不足以救焚山。	嘉遁

　　序號 1 中「若本命屬土，不宜服青色藥；屬金，不宜服赤色藥；屬木，不宜服白色藥；屬水，不宜服黃色藥；屬火，不宜服黑色藥。」這就是應用了五行對應五色相勝的規律「木勝土，土勝水，水勝火，火勝金，金勝木」而形成服藥的禁忌。序號 2 中有所謂的寶日、義日、制日、伐日之說，這是依照五行生剋而定吉凶的。《淮南子・天文訓》說：「水生木，木生火，火生土，土生金，金生水。子生母曰義，母生子曰保，子母相得曰專，母勝子曰制，子勝母曰困。」〔註92〕《太上靈寶五符序》卷下說：「保者，支干上生下之日，甲午乙巳是也。義者，支干下生上之日，壬申癸酉之日是也。制日支干上剋下之日，戊子己亥之日是也。伐日，支干下剋上之日，甲申乙酉之日是也。」古人以天干、地支與金木水火土五行相配合，用以計算時日。認為入山當以保日及義日，若以制日、伐日必死。序號 3 的「然不睹金雖剋木，而錐鑽不可以伐鄧林；水雖勝火，而升合不足以救焚山」是說金雖能剋木，但是一錐一鑽卻無法砍伐一片森林；水雖能勝火，但是一升一合少量的水，是無法拯救森林大火的。

〔註92〕　（漢）高誘注釋：《淮南子注釋》（台北市：華聯出版社，1973 年），頁 113。

（三）五行運用

古人把五行看成是宇宙間的普遍規律，和自然界的五時、五方、五味、五色、五聲等普遍聯繫成為一個有機整體，從而建構「天人合一」的五行系統，演繹五行臟象模型。所謂「臟象」是指藏於體內的內臟所表現於外的生理功能和病理現象，臟象學說是傳統醫學的一個基礎理論，關於人體臟腑活動的規律以及其相互關係的學說，認為人體是以心、肝、脾、肺、腎五臟為中心，與六腑相配合，以氣、血、精、津液為物質基礎，通過經絡使臟腑密切聯繫，外連五官九竅、四肢百骸，構成一個有機聯繫的整體，五行生剋是解釋五臟生理功能的主要理論。

疾病起因於五行的無序，五行相應於身體的五臟，是人體生命活動的根基，彼此之間有著生剋對治的調節與控制機能，形成了自發性趨向的動態平衡。五行的氣化原理，支配了天地氣候的升降法則，也與人體的健康疾病有著密切的對應關係。〔註93〕傳統社會將五行學說與人體的各種組織器官結合起來，建構出以五臟為核心的生理與病理系統，認為五行與五臟彼此之間是有著循環相生相剋的運動法則，這種法則是有一定的規律與次序，身體的各器官是互結連理的，也是人體生理平衡與和諧的根本要素，當個人機體結構失序後遭受到破壞，就會導致疾病叢生。《內經》的思想認為：人精神意志的活動和五臟精氣的活動有著相當密切的關係，肝藏魂，心藏神，脾藏意，肺藏魄，腎藏志。人體的精神活動能夠影響五臟的精氣運行，從而影響五臟功能的發揮和五臟之間的平衡。《內經‧靈樞》：「志意和則精神專直，魂魄不散，悔怒不起，五藏不受邪矣。」所以精神活動若是不能平和調暢，而是喜怒無常，或憂思過度，都會引起臟腑精氣的紊亂，以導致臟腑機能的失調。

筆者將《抱朴子‧內篇》與「五行運用」有關的資料整理成表 5－13。

表 5－13：與「五行運用」有關的資料

序　號	內　　　　容	篇　目
1	五味入口，不欲偏多，故酸多傷脾，苦多傷肺，辛多傷肝，鹹多則傷心，甘多則傷腎，此五行自然之理也。	極言
2	又思五臟之氣，從兩目出，週身如云霧，肝青氣，肺白氣，脾黃氣，腎黑氣，心赤氣，五色紛錯，則可與疫病者同床也。	雜應

〔註93〕鄺芷人：《陰陽五行及其體系》（台北：文津出版社，1992 年），頁 264。

| 3 | 或食十二時氣，從夜半始，從九九至八八七七六六五五而止。或春向東食歲星青氣，使入肝；夏服熒惑赤氣，使入心；四季之月食鎮星黃氣，使入脾；秋食太白白氣，使入肺；冬服辰星黑氣，使入腎。又中岳道士郗元節食六戊之精，亦大有效。假令甲子之旬，有戊辰之精，則竟其旬十日，常向辰地而吞氣，到後甲復向其旬之戊也。 | 雜應 |

序號 1 的「故酸多傷脾，苦多傷肺，辛多傷肝，鹹多則傷心，甘多則傷腎，此五行自然之理也。」序號 2 的「肝青氣，肺白氣，脾黃氣，腎黑氣，心赤氣」序號 3 的「或春向東食歲星青氣，使入肝；夏服熒惑赤氣，使入心；四季之月食鎮星黃氣，使入脾；秋食太白白氣，使入肺；冬服辰星黑氣，使入腎。」意指以時令相配為春，以五色相配為青，以方位相配為東，以五臟相配為肝；以此類推，這些都是來自五行的運用，由於五臟及五色、五味、五志、五體、五脈等均可以分別歸屬於五行，而同一行事物之間有著某種特定的聯繫，例如：面青、嗜酸、易怒、脈弦、肝病居多；脾虛之人，面見青色，肝氣犯脾，木來乘土等，成為五行學說用於審查診斷、指導治療的理論基礎。

所以人體要長期地保持在平衡制約的狀態之中，以避免因為失序而造成疾病；同時要懂得掌握到五臟對應五行的同類相求原理，在天人感應的思想下，追求整體和諧的運行秩序，並且關心各器官之間的調控機制。《黃帝內經》把五臟視為人體生命活動的核心，以五臟病因為重點的臟腑病因在《黃帝內經》病因觀中，佔有突出的地位。這種機制運用在養生與治病上是極為複雜與多樣的，必須不斷地反饋調節，才能維持身體系統的動態平衡。

所謂疾病的防治，就是控制身體器官的運行機制，將各種衝突的情境加以化解，重新回到平衡的狀態，當控制身體器官的運行機制無法平衡時，秩序就被破壞了，於是產生了各種的疾病，中國傳統疾病的醫療則有賴於平衡的重建，以便讓五臟重新恢復原有的和諧。

三、氣運混亂

疾病起因於氣運的混亂，傳統社會認為人體的生命現象主要來自於精氣的活動，體內的氣是相應於大自然的氣，除了陰陽與五行的氣化關係之外，人體的氣機運行，也有相應於天地的自然規律，是生命活動不可或缺的物質與能量，也與生理、病理有關，認為身體的器官、組織、氣血、津液等都是氣的存在形態，氣的聚散支配了人的生死，氣的變化則宰制了人的疾病。經

絡的生理活動稱之爲經氣，其主要功能是溝通表裏上下，聯繫臟腑器官，調節臟腑與肢節的關係，溝通臟腑與官竅之間的關係，另外也有運行氣血、濡養臟腑、抗禦外邪等作用。〔註94〕所以經絡爲聯繫人體五臟六腑、五官九竅、四肢百骸、皮肉筋骨等內外各部器官、組織的聯繫網絡，使氣血可以周流全身，讓人體小宇宙的運行達到表裏協調、形神共濟，成爲一個統一平衡的整體。

身體的健康是處在有規律的氣化運動之中，形成了動態的有序結構，人體的氣與生存環境的氣，有著穩定平衡的對應關係。人體的氣有各種不同的種類，如血氣、精氣、臟氣、神氣、眞氣、元氣等。〔註95〕《靈樞‧經脈》說：「經脈者，所以決死生，處百病，調虛實，不可不通。」這種對人體經脈的重視，從與鬼神相通，到重人性命，強調氣血的流通，這種「通」是有其形上學的依據，是寄託在天人相應的氣化觀念上，意識到人氣與天地之氣的交涉之理。這些氣支配了各種生命形態的表現形式，從有形到無形，顯示出氣的無所不在，操縱了人體的各種生化作用，有其特有的運行規律與順序，所以一旦失常，發生紊亂與障礙時，整個身體機能會遭受到破壞，導致百病叢生。氣運表達主要有二個方式，即「正常」與「失常」，疾病的救治就是轉失常爲正常，疾病的防治在於避開各種失常的情境，以維持氣機的正常運行。

（一）氣血虧損

醫術的生命觀，追求以神養形，善盡形體存在的生命責任，這就是所謂的「天年」，每個人一生的存在有其自我的生命規律，雖然無法強求，但是人可以積極地在此一規律中來養神與養形，克服物質與精神上的各種障礙，以維持其應有的生存秩序。《內經》的病因觀是「多重病因觀」，認爲百病起於風雨寒暑，但是風雨寒暑不能獨傷於人，必定因爲其人內有正氣不足，外有風邪夾擊，兩相組合乃能成病。這種「邪氣發病」與「兩虛相得」之說的「多重病因觀」已經比先秦的「鬼神致病」觀，進步且深刻多了。所以《靈樞‧口問》說：

> 夫百病之始生也，皆生於風雨寒暑，陰陽喜怒，飲食居處，大驚卒恐。
> 則血氣分離，陰陽破敗，經絡厥絕，脈道不通，陰陽相逆，衛氣稽留，

〔註94〕 王慶憲、梁曉珍：《醫學聖典──黃帝內經與中國文化》（河南開封：河南大學出版社，1998 年），頁 24。

〔註95〕 陸流：《氣道》（上海：上海三聯書店，1994 年），頁 307。

經脈虛空，血氣不次，乃失其常。論不在經者，請道其方。〔註96〕
此處說明了百病是起於風雨寒暑，陰陽喜怒，飲食居處等多重因素不調所引起的，但是必定因爲其人內有陰陽不調，經脈虛空，血氣分離，外有風邪夾擊，才能組合乃能成病。所以疾病演變的具體過程取決於正邪的力量對比，外感疾病風雨寒暑的演變規律爲由表傳裏、從淺入深、由經傳臟、從陽轉陰；內傷疾病陰陽喜怒的演變以臟腑爲重心。根據經絡的循行部位，便可以知道局部的病變與內臟的關係，從而了解其病理的眞相。〔註97〕

　　葛洪認爲「氣」是構成生命的質料，是生命的根源和生機所在。他以元氣說明人與氣之關係，個體生命的短長，乃由氣量的多寡而定，因此生死的關鍵在於氣之得失。葛洪將「氣」作爲道教哲學醫學人體觀中的基本概念，認爲人的生存完全由氣來維持。他說：「身勞則神散，氣竭則命終。根竭枝繁，則青青去木矣。氣疲欲勝，則精靈離身矣。」〔註98〕所以氣是使形神互爲一體，相互保持相互作用的中介。葛洪承繼先秦、兩漢的宇宙氣化觀與生命論，以氣爲本的學說，構成了自己的生命醫學思想，不僅是一套理論，而且實際去操作實踐運用，《肘後救卒方》開卷有「嚔則氣通」、「氣通則治」、「氣通則活」的結語，臨床經驗中的醫方，是他「已試而後錄之」，他累積了豐富的經驗，補氣益血，有益人身，更加強其有關氣化思想的可信性。以上所述關於氣的運行與作用機制，是道教醫學以氣治病、自我診療、養生的理論，整體來說，具體操作實踐工夫則有佈氣、導氣、引氣、排氣等，以此來調整人體內氣之運行，達到扶持正氣、元氣，排除病氣，使人體生理的陰陽與行能趨於協調與平衡，達到袪疾療病的目的。

　　《抱朴子‧內篇》探究人爲什麼會生病、死亡，來說明病因、診療與養生的原理。人之所以會生病的原因，在於體虛氣少，所以無法抵抗風寒暑濕的傷害。故他說：

世人以覺病之日，始作爲疾，猶以氣絕之日，爲身喪之候也。唯怨風冷與暑濕，不知風冷暑濕，不能傷壯實之人也，徒患體虛氣少者，不能堪之，故爲所中耳。〔註99〕

〔註96〕（唐）王冰次注、（宋）林億等校正：欽定《四庫全書》子部三九《靈樞經‧口問》醫家類，第七三三冊，頁366。
〔註97〕陳九如編著：《黃帝內經今義》（台北：正中書局，1986年），頁118。
〔註98〕《抱朴子‧內篇‧至理》，卷5，頁110。
〔註99〕《抱朴子‧內篇‧極言》，卷13，頁244。

但若是身強體健者就能避免，不被所傷，只有身體虛弱者，無法避免。葛洪認為生病的內因是因為人體體虛氣少，所以外邪才得以入侵。因此在《抱朴子‧內篇‧極言》提到了對「體虛氣少」的看法，筆者將其整理為表 5－14。

表 5－14：「體虛氣少」的看法

內　　虛	增益之法	原　　理	避　　免
氣：衛主氣，屬陽，行於脈外	吐故納新	因氣以長氣	氣大衰者則難長也
血：榮主血，屬陰，行於脈中	服食藥物	因血以益血	血垂竭者則難益也

　　由於人體本身也是一種宇宙氣化的過程，這種氣化的過程反映在人的「血氣」上，所以「血氣」是屬於人體形的部分，但是可以通向於神，人的一生就是對應在此「形神相通」之上，神是形的主宰，操控著「氣」的流轉，可以決定人的生理功能與行為動作。「血氣」由盛而衰，有其必然的規律，形成疾病的治療也是要對應著此一規律而來。《內經》的經絡病因是指正邪鬥爭在經絡系統所引起的經絡氣血盛衰，和經氣運行失常的病理狀態和病理變化。經絡病因歸納起來，有四種基本類型，分別為：經絡運行阻滯、經絡運行逆亂、經氣不足和經氣竭絕。〔註 100〕葛洪承續此觀念進一步認為：人體會生病的生理因素是因為「內虛」，也就是「氣、血不夠」，所以提出積極養形之法，例如吐故納新，可以因氣以長氣；服食藥物，可以因血以益血。同時要避免氣血的衰竭，因為衰竭後就難長、難益了。所以提出「氣損之候」及「血減之證」，要人們注意，筆者將其「內虛證候」整理為表 5－15。

表 5－15：「內虛證候」

內虛證候	表現症狀
氣損之候	夫奔馳而喘逆，或欬或滿，用力役體，汲汲短乏者
血減之證	面無光色，皮膚枯臘，唇焦脈白，膝理萎瘁者

　　指出人若「氣損」、「血減」，表示二證既衰於外，則靈根亦凋於中矣。如此，人就離死亡不遠了，此時則不得金丹上藥，是不能救的。人在不同的年

〔註 100〕程雅君：《中醫哲學史——先秦兩漢時期》（四川：四川巴蜀書社，2009 年），頁 496。

紀，氣血的運行與盛衰情形也會不同，所以平時不傷身，才能具足養生的資質，還丹金液也才能發揮效用，使人長生不死。若是強伐身心，而想求仙，根本是不可能之事。治身養性，務謹其細，凡聚小所以就大，積一所以至億也。若能愛之於微，成之於著，則幾乎知道矣。從上述可知養生是不能隨心所欲的，如同修道一樣，必須兢兢業業，才能有所成效。所以人們平日就應該重視益氣補血的方術，才能提高人體自身的抵抗能力，使「正氣」不減，形神互衛，則邪不能入侵，生命就莫能傷了。葛洪的「形」、「氣」、「神」人體結構醫學思想，特別是他的「氣」論，以氣為本，使內外身心相聯、形神相合的生命系統；為後世中國傳統醫學所承繼和重視，故「補氣」、「養氣」的治療原則成為我國傳統中醫所普遍遵循的一條基本原則。

筆者將《抱朴子‧內篇》與「榮衛」有關的資料整理成表 5－16。

表 5－16：與「榮衛」有關的資料

序 號	內 容	篇 名
1	金丹入身中，沾洽榮衛，非但銅青之外傅矣。	金丹
2	人不能使耳目常聰明，榮衛不輟閡。	塞難
3	若乃精靈困於煩擾，榮衛消於役用，煎熬形氣，刻削天和，勞逸過度，而碎首以請命，變起膏肓，而祭禱以求痊，當風臥濕，而謝罪於靈祇，飲食失節，而委禍於鬼魅，蕞爾之體，自貽茲患，天地神明，曷能濟焉？	道意
4	若養之失和，伐之不解，百痾緣隙而結，榮衛竭而不悟，太牢三牲，曷能濟焉？	道意
5	流行榮衛，有補瀉之法	極言
6	朝夕導引，以宣動榮衛，使無輟閡	雜應

序號 3 的「榮衛消於役用」榮指血，衛指氣，榮衛是指「血氣」，血氣時常在各種事物之中被消耗。序號 5 的「流行榮衛，有補瀉之法」指疏通血氣的運行，在診療時則有補養和瀉泄的方法。《靈樞‧營衛生會》：「人受氣于穀，穀入于胃，以傳與肺，五藏六府，皆以受氣，其清者為營，濁者為衛，營在脈中，衛在脈外。」﹝註101﹞又曰：「營衛者，精氣也，血者，神氣也，故血之與氣，異名同類焉。」序號 2 的「榮衛不輟閡」是指人體不能經常讓血氣保

﹝註101﹞（唐）王冰次注、（宋）林億等校正：欽定《四庫全書》子部三九《靈樞‧營衛生會》醫家類，第七三三冊，頁 356。

持通暢，才會導致疾病。因爲《素問・痹論》說：

> 榮者水穀之精氣也，和調於五藏，灑陳於六府，乃能入於脈也；故
> 循脈上下，貫五藏絡六府也。衛者水穀之悍氣也，其氣慓疾滑利，
> 不能入於脈也；故循皮膚之中，分肉之閒，熏於肓膜，散於胸腹，
> 逆其氣則病，從其氣則愈。不與風寒濕氣合，故不爲痹。〔註102〕

所以當血氣能暢通時，人體的小宇宙是可以對應外在自然的運行秩序，以血
氣來進行內外一理的交通，就能達成「逆其氣則病，從其氣則愈」的目的。

（二）五運六氣學說

運氣之說肇端於先秦，在漢代獲得發展，至後漢時期則形成了系統理論。
唐代王冰注《黃帝內經・素問》，根據舊傳之本，補進論述有關運氣的七篇大
論，自北宋之後開始在醫界盛行其說。運氣學說是從天體的運行，聯繫到其
他的自然現象，認爲各種氣象、氣候是由五運六氣相互交感變化而產生的，
其對人類疾病的發生，有著密切的關係。所以古代醫家致力於掌握氣象、氣
候變化的自然規律，與病因觀、診療觀進行相關之研究。道教醫療引用天象
的運行法則來談人體養生，從天體的五運六氣與地球的五運六氣來診斷人體
的五運六氣，認爲人的五臟六腑都要順應著天地運行的節律。〔註103〕

兩漢以前，有關五運六氣的文獻絕少流傳。《左傳・昭公二十五年》子太
叔與趙簡子的問答中，有「則天之明，因地之性，生其六氣，用其五行」的
說法，這可以視爲運氣學說的先聲。《淮南子・氾論訓》說：「昔者萇弘，周
室之執數者也。天地之氣，日月之行，風雨之變，律曆之數，無所不通。」〔註
104〕其實早在春秋戰國時期，人們對於氣候失常與災變、疾病的關係，就已經
有某些規律性的發現。《後漢書・律歷志》的注釋之中，就有通過運氣學說占
候災變、疾病的有關論述，將全年二十四節氣的「當至不至」和「未當至而
至」所造成的各種災疾，作了詳細的記述。這是古人通過長期以來對氣候、
氣象、物候、農業、畜牧以及人群發病情況加以綜合觀察，所作出的經驗總
結，反應運氣學說在各領域中的具體運用。

運氣即五運六氣，五運包括木、火、土、金、水五氣，每氣形成一運，

〔註102〕（唐）王冰次注、（宋）林億等校正：欽定《四庫全書》子部三九《素問・痹
論》醫家類，第七三三冊，頁140。

〔註103〕徐子評：《中醫天文醫學概論》（湖北：湖北科學技術出版社，1990年），頁
390。

〔註104〕（漢）高誘注釋：《淮南子注釋》（台北市：華聯出版社，1973年），頁176。

即木運、火運、土運、金運、水運；六氣包括厥陰風木氣、少陰君火之氣、少陽相火之氣、太陰濕土之氣、陽明燥金之氣、太陽寒水之氣。運氣學說運用干支紀年的推算法，將十天干依次配上十二地支，共成六十個不同的干支組合，用以紀日紀年。古人又將十天干聯繫五運，十二地支聯繫六氣，從而推衍五運六氣以探討天地氣象變化的規律。其中以風、炎熱、溼、火、燥、寒爲六氣，其中以六氣之化爲本，三陰三陽爲標準。在一定的季節出現一定之氣，稱爲「六元正氣」；否則便爲邪氣。《素問‧五運行大論》中說：「非其位則邪，當其位則正。」不管怎樣，六氣所「化」的性質總是不變的；形成了人體與宇宙自然之氣的相互感通，所以從天地的氣化現象，可以推知或是驗證人體的內在規律，氣的運行操縱人體的各種生化作用。陰陽四時象徵時間運行的規律，五行對應五方、五臟，象徵空間對應的節奏。天氣與人的情感是相互感應的，彼此間有著共同遵循的普遍法則。根據古代醫學的「五運六氣」理論，認爲宇宙運動的氣化規律是支配人體生命的病候變化，顯示人體的氣化系統與天體的氣化系統是一個統一整體的對應存在，因此可以將天象的觀察法運用到人象的疾病判斷上，認爲彼此間運氣的基本原理是相通的。

　　古人把「邪氣」分爲六種，分別爲風、寒、暑、溼、燥、火，這「六氣」是自然界能夠傷害人的不正之氣。當其過度，謂之「六淫」；當其傷害人體，謂之「六賊」。《靈樞‧百病始生》說：

> 夫百病之始生也，皆生於風雨寒暑，清濕喜怒，喜怒不節則傷藏，風雨則傷上，清濕則傷下。三部之氣所傷異類，願聞其會，岐伯曰：三部之氣各不同或起於陰或起於陽請言其方，喜怒不節則傷藏，藏傷則病起於陰也，清濕襲虛，則病起於下，風雨襲虛，則病起於上，……風雨寒熱不得虛，邪不能獨傷人。卒然逢疾風暴雨而不病者，蓋無虛，故邪不能獨傷人。〔註105〕

《內經》認爲百病起於風雨寒暑，但是風雨寒暑不能獨傷於人，必定因爲其人內有正氣不足，經脈虛空，血氣不次，外有風邪夾擊，兩相組合乃能成病。這種「邪氣發病」與「兩虛相得」之說的「多重病因觀」已經比先秦的「鬼神致病」觀，進步且深刻多了。筆者將《抱朴子‧內篇》與「六氣」有關的

〔註105〕（唐）王冰次注、（宋）林億等校正：欽定《四庫全書》子部三九《靈樞經‧百病始生》醫家類，第七三三冊，頁 404～405。

資料整理成表 5－17。

表 5－17：與「六氣」有關的資料

序　號	內　　　　　容	篇　目
1	咽九華於雲端，咀六氣於丹霞。俳佪茫昧，翱翔希微，履略蜿虹，踐跚旋璣，此得之者也。	暢玄
2	食日月精經、食六氣經	遐覽

　　序號 1 的「咽九華於雲端，咀六氣於丹霞」，「六氣」在此是指天氣變化的六種現象，如平旦朝霞、日午正陽、日入飛泉、夜半沆瀣，以及天玄、地黃，共爲六氣。

　　有關「六氣」有多種說法，《左傳‧昭公元年》醫和爲晉侯治病時，提到：

> 天有六氣，降生五味，發爲五色，徵爲五聲，淫生六疾。六氣曰陰、
> 陽、風、雨、晦、明也。分爲四時，序爲五節，過則爲菑。陰淫寒
> 疾，陽淫熱疾，風淫末疾，雨淫腹疾，晦淫惑疾，明淫心疾。〔註106〕

此爲醫和之言，「六氣」是指陰、陽、風、雨、晦、明六種大自然現象，六氣不調即感生六種疾病，強調之六氣顯然爲外在天象之變化，而過則爲菑，會影響人體生理的變化，這就是著名的六氣致病學說，被後世稱爲病因理論的始祖。《左傳‧昭公二十五年》：

> 則天之明，因地之性，生其六氣，用其五行，氣爲五味，發爲五色，
> 章爲五聲，淫則昏亂，……民有好惡喜怒哀樂，生于六氣。〔註107〕

此段記載說明人的好、惡、喜、怒、哀、樂，生於六氣，強調人受六氣的影響而產生各種情緒的變化。所以「六氣」據《左傳》所載醫和之言，是指陰、陽、風、雨、晦、明六種大自然的現象，六氣不調，即感生六種疾病，顯現在天爲六氣，反應在人則爲六情。在《楚辭》中「六氣」被用來與神仙修道方術結合在一起，《楚辭‧遠遊》說：「吾將從王喬而娛戲。餐六氣而飮沆瀣兮，漱正陽而含朝霞。」其中的六氣，王逸注《楚辭》時曾引《陵陽子明經》說：「春食朝霞；朝霞者，日始欲出赤黃氣也。秋食淪陰；淪陰者，日末以後赤黃氣也。冬飮沆瀣；沆瀣者，北方夜半氣也。夏食正陽；正陽者，南方日中氣也，並天地玄黃之氣，是爲六氣。」有關六氣說的傳世文獻與帛書有文

〔註106〕楊伯峻：《春秋左傳注》（高雄市：復文出版社，1991 年 9 月，再版），頁 498。
〔註107〕楊伯峻：《春秋左傳注》（高雄市：復文出版社，1991 年 9 月，再版），頁 1222。

字上的差異，學者李零在《中國方術考》中有做說明〔註108〕，筆者將有關「六氣說法」的資料整理成表5－18。

表5－18：有關「六氣說法」的資料

	《卻穀食氣》	《陵陽子明經》佚文	《廣雅‧釋天》	《莊子‧逍遙遊》李頤注
北方夜半氣	沆瀣	沆瀣	沆瀣	沆瀣
東方平旦氣	朝霞	朝霞	朝霞	朝霞
日出氣（與天相配）	銚光	天氣、玄氣、列缺	列缺	天氣
南方日中氣	端陽	正陽	正陽	正陽
西方日入氣	輸陰	淪陰	淪陰	飛泉
黃昏氣（與地相配）	輸陽	地氣、黃氣、倒景	倒景	地氣

　　《內經》認為風為百病之長，一則因為風為六氣之首，說風便概括了其餘五氣。二則因為風遍大地，最為普遍。風傷皮毛，易犯且最易忽略，故以之居首。風雖是小毛病，但是起初不治，變詐百出，至於內臟，漸至重症，就會百病叢生，而有生命的危險。〔註109〕所以《黃帝內經‧素問‧玉機眞藏論》說：

> 是故風者，百病之長也。今風寒客於人，使人毫毛畢直，皮膚盛閉而爲熱，當是之時，可汗而發也；或痺不仁，腫痛；當是之時，可湯熨及火灸刺而去之。弗治，病入舍於肺，名曰肺痺，發欬上氣。弗治，肺即傳而行之肝，病名曰肝痺，一名曰厥，脇痛出食；當是之時，可按若刺耳。弗治，肝傳之脾，病名曰脾風，發癉，腹中熱，煩心出黃；當是之時，可按，可藥，可浴。弗治，脾傳之腎，……法當三歲死，此病之次也。〔註110〕

此處說明風寒傷人，起於腠理開，患者會有冰涼的感覺。其次是惡風惡寒，或拘攣或脹痺；如果能夠充實內氣，腠理緻密，就有抵抗風寒的本錢了，不

〔註108〕李零：《中國方術考》（北京：東方出版社，2001年第二版），頁353。
〔註109〕曾坤生：《中醫與養生》（台北市：文津出版社，1999年），頁129～134。
〔註110〕（唐）王冰次注、（宋）林億等校正：欽定《四庫全書》子部三九《黃帝內經‧素問》醫家類，第七三三冊，頁71～72。

會有之後的變怪。風寒上身，未必即刻發病，一般人疏忽的關鍵在此；等到發熱骨痛，已經屬於藥物治療的範圍了。風寒不但傳經，甚至入腑入臟而導致死亡，所以不可不愼。此段含有「及早治療」，勿令邪氣深入的思想，從病因觀來說，預防（治未病）勝於治療（治已病），是最好的途徑，故愼風寒是養生家的首要課程。

《抱朴子·外篇·酒誡》也說：

> 夫風經府藏，使人惚悅，及其劇者，自傷自虞。或遇斯疾，莫不憂懼，吞苦忍痛，欲其速愈。〔註111〕

風疾生於人的臟腑，臨床表現多爲頭痛、寒熱汗出，遍身遊走疼痛等症狀，使人精神恍惚不定，等到風疾的病情加劇了，自己就會悲傷憂慮，患此疾病之人，沒有不憂愁懼怕的，只能忍受痛苦，希望自己的病情能夠迅速痊癒。

其次較易犯的是溼，坐臥溼地、汗出當風、露宿郊外，都容易引發溼邪爲病。溼氣能令筋脈縱弛，阻礙陽氣的運行。六氣皆能傷人，隨時爲病，甚至有季節性的循環，遭年逢時而發，因此又被稱之爲「時病」。溼氣最大的麻煩是它未必當時即病，看似無症狀，潛伏於血脈分肉之間，因故併發。傷溼的病因有「沐浴清水而臥」、「居處相溼」等，所以提醒我們溼地、野外都要留意小心，體表有汗溼時不要吹風，洗澡後不要即刻入睡，不宜居處潮溼等。

葛洪繼承《內經》的「多重病因觀」，認爲百病雖然起於風雨寒暑，但是風雨寒暑不能獨傷於人，必定因爲其人內有經脈虛空，血氣不次，外有風邪夾擊，組合乃能成病。所以在《抱朴子·內篇·至理》中，對病因的外因，亦即外邪侵害的因素，作了進一步地說明：

> 夫人所以死者，諸欲所損也，老也，百病所害也，毒惡所中也，邪氣所傷也，風冷所犯也。〔註112〕

他認爲人之所以會生病、衰老、死亡，不能健康長壽的原因，在於人與超自然、自然的衝突所造成各種的傷損，例如：損、衰老、百病、毒惡、邪氣、風冷等六害所犯，這些都可以稱之爲「外邪」。他認爲人的患病夭壽，個體的內在因素比外在因素更爲重要。他將人體多種致病因素，都歸咎於某種可知的物質性原因，這種認識在當時是相當科學的。

〔註111〕《抱朴子·外篇·酒誡》，卷24，頁579。
〔註112〕《抱朴子·內篇·至理》，卷5，頁112。

　　葛洪在《抱朴子‧內篇‧極言》提到了對「風寒暑溼」的相關看法：他注意到同一病因對不同人、不同情況，會有不同反應。例如設有數人，年紀老壯既同，服食厚薄又等，筆者將其整理爲表 5－19。

表 5－19：同一病因對不同人、不同情況的不同反應

不同情況	不同反應	理　由
1. 俱造沙漠之地，並冒嚴寒之夜，素雪墮於上，玄冰結於下，寒風摧條而宵駭，欵唾凝沍於唇吻	則其中將有獨中冷者，而不必盡病也。	非冷氣之有偏，蓋人體有不耐者耳。
2. 故俱食一物	或獨以結病者	非此物之有偏毒也。
3. 鈞器齊飲	而或醒或醉者	非酒勢之有彼此也
4. 同冒炎暑	而或獨以暍死者	非天熱之有公私也
5. 齊服一藥	而或昏瞑煩悶者	非毒烈之有愛憎也
6. 沖風赴林	枯柯先摧	體已素病，因風寒暑濕者以發之耳。
7. 洪濤凌崖	拆隙首頹	體已素病，因風寒暑濕者以發之耳。
8. 烈火燎原	而燥卉前焚	體已素病，因風寒暑濕者以發之耳。
9. 龍碗墜地	而脆者獨破	體已素病，因風寒暑濕者以發之耳。

　　從上所述，我們可以知道氣候變化了，爲何有人生病，有人不生病，其中還有其他的因素，但是歸根究底是因爲「體已素病，因風寒暑濕者以發之耳」。所以感冒，固然是因爲風寒等外因，亦因內有陰陽不調、氣血失常等內虛主因，內外相召下，乃生疾病。所以一個人如果能做到體內正氣不衰，身體強健，就可以抵禦外界風冷暑濕的侵害，從而達到健康長壽的目的。這是分局論證人體生病的素質（內因）和病因的自然因素、外界條件（外因），以及外界條件對人體素質發生作用的關係，尤其特別注意到人體本身的氣血狀況，可以說是病因學思想深化進步的結果。

　　道教醫療重視人天互象的術數原理，認爲自然界的氣候變化與地面上的

物化現象和人體的生理病理密切相關，經由象數的推算可以總結出人體疾病的防治規律。〔註113〕精、氣、神代表著人體生命的物質、能量和信息，是生命的三大要素，因此三者之中任何一方的失常，都可能成為人體患病的病因。同時三者在病理上相互影響，與臟腑、經絡的運作，關係密切。這些氣支配了各種生命形態的表現形式，從有形到無形，顯示出氣的無所不在，操縱了人體的各種生化作用，有其特有的運行規律與順序，所以一旦失常，發生紊亂與障礙時，整個身體機能會遭受到破壞，導致百病叢生。氣運表達主要有二個方式，即正常與失常，疾病的救治就是轉失常為正常，疾病的防治在於避開各種失常的情境，以維持氣機的正常運行。

四、形神脫節

「形」有其固定的運行的規律，這種規律是由「神」來主導，所以人若是能掌握到自身生命的存在理性，就必須由「形」的層次通向於「神」，如此才能確立「神」在形體上的作用，使人成為「有神」之人。疾病起因於形神的脫節，人體的身心要能時刻保持平衡，形體與精神有著不可分離的和諧需求，彼此是存亡共體，也是抵禦病邪的基本身體機能。「形神脫節」是因為身心的形神失序所造成，人體失去了與宇宙相應的氣化原理，導致人體無法與外在的宇宙能量進行交換，導致各種象徵符號的混亂與錯置，使人產生疾病。

人與天是相通的，這種通的特性是「德」，人與地也是相通的，這種通的特性是「氣」，所以「德流氣薄而生者」，是說明人與萬物都是「德」與「氣」交通後的產物，是宇宙運化與生命節奏的共振，認為人的生命形態必然要進入到宇宙的存有規律中，人的內在生命活動是與自然相應相聯的，有著一致運動變化的節律，深化了天人交通的思維架構。〔註114〕所以「形」與「神」是屬於內在的形上聯繫，「神」則是超越形式的無限存有，是無法用科學來證明其是否存在，傳統社會承續原始宗教相當肯定人類的精神文明，深信「形」是因「神」而產生了運動的能量與價值的展現，是不需要科學的證明，它來自主觀的文化認知。在這種文化認知之下，「神」依附於「形」而生，是「形」一切行動的主宰，由此建構出人體精神活動的理性系統。

〔註113〕田合祿、田蔚：《生命與八卦──醫易啓悟》（山西太原：山西科學技術出版社，1991年），頁101。

〔註114〕陳樂平：《出入命門──中國醫學文化學導論》（上海：上海三聯書店，1991年），頁121。

（一）形神關係

　　身心並練、形神俱全，形神統一的生命觀是道家修為的根本特色，也是道教醫學診治的根本原則，此一思想便是「形神統一」觀，形神統一是道家生命觀的核心，也是養生的重點，可分為「養神」與「養形」。「神」是指人內在的生命活動，所謂「養神」，是指保養人體心理的精神狀態，包括了神、魂、意、志、思、慮、智等活動，正常操作個體精神情志的變化，避免七情六慾過度放縱，傷害到五臟六腑，而導致疾病或暴斃。「形」是指人的身體器官，所謂「養形」，是指保養人體生理的身體狀態，包括：氣血、骨髓、經絡、臟腑、津液等生化規律，強健人體的功能與作用，重視日常生活的起居攝養，去疾養身，來獲致健康以延年命。

　　神以形為物質基礎，除表現於精氣的化生作用之外，還表現在神對形的依附性方面，神不能離開形體而獨自存在，它的功能也必須要在形體健康的情況下才能正常行使。《黃帝內經‧素問‧上古天真論》有：「形體不敝，精神不散」之說，中醫將神、魂、魄、意、志稱為五臟神，各居舍於相應內臟，因此五臟又可以稱為「神之宅」。又將怒、喜、思、悲、恐稱為五志，加上憂與驚稱為七情，「五志七情」同樣對應相關於五臟並與精、氣、血、津液密切相關。神的產生源自於形精，而居藏於五臟，依存於氣血。

　　形神理論在強調形為神之質，形的存在決定了神存在的同時，也十分重視神對形的反作用，並將神對形的作用提高到主宰性、決定性的高度。因此在健康和疾病的認識上，突出地強調了神的重要性。形神合一的觀念，來自形神相合的生命整體思想，認為人體傳達生命訊息，除了具體的「形」之外，還有象徵「神」的各種符號系統，所以身體的形、氣、神等不是個別的孤立存在，而是緊密相互聯繫，共同構成一個有機的生命整體。〔註115〕透過形神之間的共同符號系統，可以追究內外身心相聯的病理狀態。人體是由臟腑經絡等組織所構成，有氣血津液循行其間的生命整體，各臟腑之間的活動雖各司其職，錯綜複雜，但都是在心神的統合下協調有序地進行著。《黃帝內經‧素問‧靈蘭秘典論》說：「心者，君主之官也，神明出焉。……故主明則下安，……主不明則十二官危，使道閉塞而不通，形乃大傷。」因此神對形的主宰作用，對於生命形體臟腑經絡組織活動，精、氣、血、津液運行等等均至關重要。如果神的主宰作用不能正常開展，就會發生神的太過、不及等病變，不但會

〔註115〕蓋建民：《道教醫學導論》（台北：中華大道文化公司，1999年），頁386。

影響神明本身，而且影響臟腑氣血，造成形體衰敝的情況。例如七情致病中的「怒傷肝」、「喜傷心」、「悲傷肺」、「思傷脾」、「恐傷腎」等都是直接傷五臟，五臟受傷進一步又可影響及心，使君主之官動搖不安，若是再繼續發展，將影響整個生命形體，導致「形敝血盡，而功不立」的「神不使」結果。

葛洪在《抱朴子·內篇》對形神論的重要看法如下，說：

> 夫有因無而生焉，形須神而立焉。有者，無之宮也。形者，神之宅也。故譬之於堤，堤壞則水不留矣。方之於燭，燭糜則火不居矣。身勞則神散，氣竭則命終。根竭枝繁，則青青去木矣。氣疲欲勝，則精靈離身矣。〔註116〕

這裡他受玄學影響，先以有、無哲學範疇來說明形、神；認為形是神寄寓的宅舍，而神是宅舍的主人，使形神具有本體論的基礎。然後再以堤水、燭火來比喻形神，如同築堤蓄水，一旦堤決，水蕩然而去不留堤內，使一般人對生命現象能夠獲得直觀清楚的認識。葛洪把形神關係講得更為透徹，主張形神相依、形存神在、形敗神亡，因為「身勞則神散，氣竭則命終。」所以當「氣疲欲勝，則精靈離身矣。」元氣已經疲乏，還不改好勝的本性，精靈魂魄就會離開我們的形軀。形體與精神有著不可分離的和諧需求，彼此是存亡共體，也是抵禦病邪的基本身體機能。生命是由形體和精神相互配合而成的，疾病起因於形神的脫節，人體的身心要能時刻保持平衡，「形」與「神」是屬於內在的形上聯繫，「神」則是超越形式的無限存有。

筆者將《抱朴子·內篇》與「形神相依、脫節」有關的資料整理成表 5－20。

表 5－20：與「形神相依、脫節」有關的資料

序號	內　　　　容	篇目
1	所為術者，內修形神，使延年愈疾，外攘邪惡，使禍害不乾，比之琴瑟，不可以子弦求五音也，方之甲胄，不可以一札待鋒刃也。何者，五音合用不可闕，而鋒刃所集不可少也。	微旨
2	或曰：「願聞真人守身煉形之術。」抱朴子曰：「深哉問也。夫始青之下月與日，兩半同昇合成一。出彼玉池入金室，大如彈丸黃如橘，中有嘉味甘如蜜，子能得之謹勿失。既往不追身將滅，純白之氣至微密，昇於幽關三曲折，中丹煌煌獨無匹，立之命門形不卒，淵乎妙矣難致詰。	微旨

〔註116〕《抱朴子·內篇·至理》，卷5，頁110。

序號	內　　　　　　　　　容	篇目
3	若乃精靈困於煩擾，榮衛消於役用，煎熬形氣，刻削天和，勞逸過度，而碎首以請命，變起膏肓，而祭禱以求痊，當風臥濕，而謝罪於靈祇，飲食失節，而委禍於鬼魅，蕞爾之體，自貽茲患，天地神明，曷能濟焉？	道意
4	苟能令正氣不衰，形神相衛，莫能傷也。凡爲道者，常患於晚，不患於早也。恃年紀之少壯，體力之方剛者，自役過差，百病兼結，命危朝露。	極言

　　序號 1 的「所爲術者，內修形神，使延年愈疾」說明方術的作用，是在身內修煉形體與精神，可使人延年益壽，治癒身體的疾病，形神就好比「琴瑟、甲冑」一樣，不可以缺少任何一個，才能形成完整的防禦系統。序號 2 的「願聞眞人守身煉形之術」是指神仙道教修煉形神的法術，而其中「立之命門形不卒」是說眞氣若是能立在命門中，形體就不會損傷。序號 3 的「若乃精靈困於煩擾，榮衛消於役用，煎熬形氣」說明精神被各種煩惱所圍困，血氣被消耗，形神受到煎熬而脫節，就會導致疾病而變起膏肓。序號 4 的「苟能令正氣不衰，形神相衛，莫能傷也」說明一個人若能形神相衛，風寒暑溼等各種外邪就無法侵害人體。但若是自恃年紀之少壯，體力之方剛，而「自役過差」，過度勞累形神的結果，就會導致百病兼結，命危朝露。

　　道教醫療形神理論提示我們，在病因觀上，神的病變是有物質基礎的，由於精血津液的不足，導致神失所養，產生病變，也可由於氣機失調而導致神志錯亂、情緒異常；神的失常也影響形的改變，神的太過與不及均可引起不同程度臟腑氣血的病變。所以葛洪肯定形體的保存有其重要性，只有形體存在，精神才能存在，因此如何保持形體成爲神仙道教最重要的考慮，金丹、仙藥的服食，基本上就是爲了保持形軀的不朽。這個「形神相依」的思想，成爲道教重視形體之軀的修養鍛鍊的思想源泉，形成道教獨特的性命雙修、形神並完的無比優越的養煉體系。

（二）精、氣、神之關係

　　《抱朴子‧內篇》繼承了先秦道家和早期道教經典《太平經》的思想，把人當成是「形、氣、神」相互影響制約、統一的生命整體。「氣」在構成一個人生命的基本材料中，占有特殊地位。葛洪以身國同治、互相比擬來凸顯「精」、「氣」、「神」與生命存養之間的關係，他說：

　　　　故一人之身，一國之象也。胸腹之位，猶宮室也。四肢之列，猶郊

> 境也。骨節之分，猶百官也。神猶君也，血猶臣也，氣猶民也。故
> 知治身，則能治國也。夫愛其民所以安其國，養其氣所以全其身。
> 民散則國亡，氣竭即身死，死者不可生也，亡者不可存也。〔註117〕

形體是人存在的有形基礎，也是氣和神賴以存在和發揮作用的載體，而氣是人體存在的生命動力和根本源泉，神及心裡意識和精神結構，對人體中形、氣和整個人的生命活動起著統領和制約作用〔註118〕。葛洪把人的生理器官類同於國家機構，存在著高下主從的相互關係。人體中「氣」是基礎，「神」是統帥，「精」是歸宿，如同一國之內的君、臣、民，三者相互依存，協調控制人的生理器官各種功能，最終使生命得以長久。

「形」與「神」的結合是生命能量的總源頭，「養形」與「養神」是同樣重要的，人們除了重視形體的保養，更要進行精神的開發，以主觀的精神修煉培育出客觀的形體能量，以維持身心的和諧與健康。若是只養形而不養神，「形」缺乏了「神」的滋潤，是無法擴大其運動的能量，並且容易處在不正常的精神狀態之下，失去了「神」的主宰作用，在六神無主之下容易引發精神方面的疾病，而導致生理機能的失常。在道教醫療中，除了「醫身」之外，更重視「醫心」，要在心神上下工夫。

這種自然病因觀疾病的形成，在於人體自然環境的破壞與衝突，失去了與宇宙相應的氣化運動原理，於是人無法與外在宇宙能量進行交換，紊亂了平衡內外的有序結構，使得人體無法維持和諧穩定的狀態。自然的失調在於人體有違於規律的氣化運動，所以喪失了人與自然整體和諧的對應結構。這種自然病因觀，是從天人同構的宇宙關係處，來說明人失去了整體對應的秩序，故而無法達到「天人一物」與「內外一理」的有機聯繫。所以和諧與衝突的辯證關係，仍是疾病形成的原因，超自然的失調與自然的失調，都是疾病形成的主因。

第四節　人文病因觀

《抱朴子‧內篇》道教醫學的文化核心是圍繞在「病因觀」上而展開的，反映人們現實生活中的宇宙運作觀，是建立在個體、自然關係與人際關係「三

〔註117〕《抱朴子‧內篇‧地真》，卷18，頁326。
〔註118〕陸豔、陳懷松：〈《抱朴子‧內篇》養生思想與方術探討《黃山學院學報》，第11卷2期，2009年4月，頁54。

層面的和諧均衡觀」上，對疾病的看法也是來自「和諧辯證觀」，企圖從疾病的衝突中，建立身體存有的和諧世界。傳統社會所謂的「天人合一」中的「人」，不只是個人，還同時包含了集體的人群。「人」是天人關係中的主體，相應天地運行秩序的整體人類，重視人際關係的倫理本位，肯定人與人之間的交際網路，也有著宇宙規律下的道德秩序。因而人體的和諧也與群體生活的整體平衡有密切的關係，所以疾病的起因，脫離不了人際關係系統中社會和諧秩序被破壞的因素。

在現實生活中，「人」的衝突是相當嚴重的，除了個人的心理治療外，還包含了民族行為的文化治療，要考慮當地社會人民所持的哲學與人生觀。〔註119〕衝突的形成與化解，已不單是個人的問題，也同時是社會文化的問題，重視群體倫常的關係網路與對應法則，發展出各種體系性的禮儀規範。所以人是以遵循禮儀來形成社會控制系統，「人」在禮儀規範的系統下，確立自己的角色、身份與地位，滿足社會互動的義務性與責任性，這種義務與責任是文化所賦予的，是以追求社會秩序和諧為努力奮鬥的目標。

人文病因觀是整個中國文化傳統中的觀念，它在中國傳統醫學的文化脈絡中是相當重視的。因為「人」是必須依據社會制度與儀式規範的和諧化機制，才能找到個人安身立命的存在依據，避免引發衝突的危機情境。人文秩序的破壞，也是個人疾病形成的重要因素，失去了倫理規律的和諧性格，衝突中的惡與不吉，會導致疾病的嚴重與惡化，產生了更多不平衡的混亂狀態。傳統社會相當重視人文的整體和諧，當人際關係系統中社會和諧秩序被破壞，如何才能化解衝突呢？有賴於個人的理性自覺，同時配合社會和諧化的機制，尋找到最佳的對應位置，反映出人們趨利避害的生存本能。此本能是扣著和諧的需求而來，背後有著強烈的集體文化教養，形成複雜與豐富的行為系統。因此本節筆者將從社會、人際關係系統的和諧秩序被破壞，分別從道德失常、倫理失序、情感失據三方面來說明人文病因觀的內涵。在道德失常方面：從負承之說、為道者當先立功德來說明，在倫理失序方面：從倫理功格、倫理過格來說明，在情感失據方面：從情志過激、喜怒之失來說明。

〔註119〕曾文星：〈文化、心理與治療〉《華人的心理與治療》（台北：桂冠圖書公司，1996年），頁17。

一、道德失常

　　疾病起因於道德的失常，中國社會的大傳統是以儒家思想作為主導的核心，重視道德的儀式規範與和諧機制，道德規範不只成為普世依循的行為價值，也是人體不病養生保命的重要工夫，強調道德的精神或實質的利益，才能達到與宇宙規律同體的生活秩序。這種結構性的道德功能，是不容許動搖與失調的，否則不單是社會價值體系的瓦解，〔註120〕個人也將失去生活應有的理性，在社會人際關係的迷亂與矛盾中，身體機能失去了常態的自主性格，加速人體外顯與內化的各種衝突。學者鄭志明認為：

> 道德成為人體重要的生活規範，被視為是人依循宇宙自然規律而來的本性，用來維持個人自身與社會全體的秩序和諧。道德的失常，是生命存在最大的衝突，一切混亂的源頭，這種衝突的失衡，威脅了各種文化機能的正常運作，導致疾病叢生與惡化。〔註121〕

由此觀之，人文病因觀的道德失常，此種社會道德的失衡，會威脅傳統社會各種文化機能的正常運作，導致疾病叢生與惡化。

（一）承負之說

　　承負說是東漢末年的病因觀之一，認為先人的罪咎會遞補給子孫導致各種災禍，先人的罪咎包括帝王與祖先，此處著重點在「帝王的失德」，所以末世的鬼神不是偶然地騷擾人，而是永無寧日，甚至百鬼白晝出行，造成各式各樣的疾病叢生。其背後所顯現的是祖先崇拜加上罪（失德）的意識以及原始社會的鬼神崇人觀念，於是形成東漢中晚期的「鬼祟論」，特別重視疾病的連續性、特別是在家族中一個接著一個的染病，賦予鬼邪之疾有關道德倫理的因素，這是同之前的鬼神作祟所引起的突發的、偶然的，或是沒有辦法給予充分解釋及治療的鬼祟論，很不一樣之處。東漢晚期的道經《太平經》認為個體罹疾，可說是集體罪愆的顯現；疾病之由，最主要的是祖先遺害或鬼神報應的結果。《太平經》認為末世的主要特徵之一，便是群鬼競出、疾病流行。《太平經》說：

> 今負承之後，天地大多災害，鬼物老精凶殃尸咎非一，尚復有風溼

〔註120〕陳秉璋：《道德規範與倫理價值》（台北：國家政策研究資料中心，1990年），頁259。

〔註121〕鄭志明：〈民俗醫療的病因觀〉《宗教與民俗醫療》（台北：大元書局，2004年），頁99。

　　　疽痔，今下古得流災眾多，不可勝名也。〔註122〕

由於帝王的失德，使得天地之間災禍頻繁，有鬼物、精怪、凶殃、尸咎、風濕以及疽痔等各種自然、超自然的疾病，因此早期道教提出各種誡律、術數來幫助人們解除罪過。這些世代報應觀經過神秘化、宗教化後，就成了「天道不爽」的規律。

　　學者李豐楙以「人倫的失序、社會的失序以至於宇宙的失序」來解釋「末世」，在面對全面失序危機時，人民會陷入不知所措的集體焦慮中，宗教信仰遂在此時發揮其特有的社會功能，說明末世形成的原因，解釋其規律，並且提出解決之道以安定民心。當時各道派對於亂世的肇因理解為道德淪喪與承負觀念。他認為：道教諸派中的精英承續了漢人對宇宙的有機體理論的思考模式，使用天人感應論以解說天地的災變之因，這是出於一種泛道德論的思考方式：即所有的災變就是宇宙的失常、失序現象，按照漢人的徵象觀念，就可詮釋為宇宙所示現的異徵，這種氣的「非常」變化，其原因即在於人，尤其是帝王貴族所犯的罪，及該當承擔的罪的後果，也就是「非常」的行為將會帶來「非常」的懲罰。類此由「常」到「非常」的變化，亦即由人性失序而人倫失序、社會失序，最後終將導致宇宙的失序、失常。中國的政治、社會哲學一向即有較明顯「秩序導向」的性格，將社會秩序、政治秩序的崩潰，歸因為道德的墜落，此即一些傳統儒家的憂心之士，試圖以道德作解釋，所形成的「恥感」、「過感」文化。但是道教中的精英份子則針對個人及集體的道德行為作出宗教性的解釋，因而提出「罪」、「過」的觀念及罪、過所應承擔的後果。〔註123〕

（二）為道者當先立功德

　　面對此道德失常的人文病因觀，漢晉之際，有何對治之法呢？當時各種宗教蓬勃發展，將民間信仰與外來、新興的教義結合，成為民間深入而普及的社會道德規律。《太平經》一再強調「度世」的思想，由於個人的功德不同，每個人的成就也不相同，認為只要行善學道，就能在仙人的等級上逐步上昇。天師道也將「守德」作為成仙的要件，不病是長生的前題，

〔註122〕王明：《太平經合校》，頁293。

〔註123〕李豐楙：〈傳承與對應：六朝道經中「末世」說的提出與衍變〉《中國文哲研究集刊》9，1996年9月，頁94～101。

成仙之法是以宗教性的道德作為主要依據，形成強烈的勸善積德的民間宗教的特色。葛洪常被尊稱為是宋代善書〈太上感應篇〉勸善說的啓發者，這是因為他有意建立道教的宗教倫理，使其成為不病、養生、成仙的必要條件，其中通俗化的道德條目，形成鄉民社會日常生活中待人處事的規範，具有安定社會秩序的功能，可謂是「小傳統」，對中國社會具有不容忽視的社會功能。

　　在葛洪的病因觀念裡，修道養生除了預防不傷損、藥物養身的生理醫療、內疾不生的自我醫療、外患不入的宗教醫療等要件之外，尚需注意善功、善德之培養。他汲取道教經典在初期所提出的道德觀念，又廣泛吸收儒道各家，以及民間本有的生活規範，作為奉道者、修道者的道德條目。因此《抱朴子‧內篇‧對俗》說：

> 或問曰：「為道者當先立功德，審然否？」抱朴子答曰：「有之，按《玉鈐經中篇》云，立功為上，除過次之。……，欲求仙者，要當以忠孝和順仁信為本。若德行不修，而但務方術，皆不得長生也。

〔註124〕

長生的首要前提是「不病」，照《玉鈐經‧中篇》說法，立功是行道最上等的作為，想要追求仙道之人，當以忠孝和順仁信等道德為本。若不修德性，只求方術，是無法得到長生不死的效果。從上所述可以知道：在葛洪的預設中，仙道是高於方術的。這裡提到的善功，大抵以儒家的道德原則為基礎，這是因為葛洪的金丹大道較傾向於清修的性質，但是仍然有功過之說，與儒家的忠孝和順仁信等道德，組成其宗教倫理觀。筆者認為這也是因為葛洪是儒道雙修，其中蘊含他調和自然與名教的用心。所以他又說：

> 人欲地仙，當立三百善；欲天仙，立千二百善。若有千一百九十九善，而忽復中行一惡，則盡失前善，乃當復更起善數耳。故善不在大，惡不在小也。……積善事未滿，雖服仙藥，亦無益也。若不服仙藥，並行好事，雖未便得仙，亦可無卒死之禍矣。〔註125〕

因此可知，積善的事情沒有達到成仙的為善之數，雖然服用仙藥也是於事無濟。反之，平日沒有服用仙藥，但多行好事，雖然不會馬上得道成仙，但至少不會有意外橫禍發生。葛洪認為：「道者，儒之本也；儒者，道之末也。」

〔註124〕《抱朴子‧內篇‧對俗》，卷3，頁53。
〔註125〕《抱朴子‧內篇‧對俗》，卷3，頁53～54。

他以「道本儒末」做為調和儒道的基本方法，所以就不病、成仙方法而言，
一再強調積善立功的重要性。

有關「功德」的觀念，在道教典籍中葛洪是最早融合緯書、仙經，而提
出「為道者當先立功德」的觀念並且加以闡述，這是道教教理上珍貴的資料。
葛洪認為，道士掌握醫術，不僅能自救，延年益壽，而且還能濟世助人，可
以說是一舉兩得，並且又可以立上功。在《抱朴子‧內篇》說：

> 或問曰：「為道者當先立功德，審然否？」抱朴子答曰：「有之。按
> 玉鈐經中篇云，立功為上，除過次之。為道者以救人危使免禍，護
> 人疾病，令不枉死，為上功也。欲求仙者，要當以忠孝和順仁信為
> 本。若德行不修，而但務方術，皆不得長生也。〔註126〕

葛洪認為為道之人，應當要累功積德、濟世利人，所以引用仙經之言來說明，
道士在行醫濟世過程中，若能救人於危病，使其不枉死，則是立了上功，所
以不可以輕視醫藥的重要性。道教本著「內修金丹，外修道德」的宗教倫理
實踐要求，認為行醫施藥是一種濟世利人的「上功」與「大德」，也是使人不
病、長生的一種先決條件，此即葛洪所說的「欲求仙者，要當以忠孝和順仁
信為本。若德行不修，而但務方術，也不得長生也」。道士習醫，也是為了修
道中維護健康。葛洪認為修道者所居為人間，難免會有各種災禍及病患，因
此必須懂得並且學會治病，才能自救與救人，以利修煉。所以明確提出「為
道者必須兼修醫術」的主張。

面對「承負說」這種來自祖先崇拜加上罪（失德）的意識以及原始社
會的鬼神祟人觀念，於是形成道德衝突的疾病，我們必須從紛亂處找到源
頭加以調適，才能對症下藥，此藥不是靠外服的醫療，而是重新進行自我
道德的修養，以便從「失常」的情境提昇到「正常」，來化解衝突，重新建
構出新的和諧情境。因而神仙道教的葛洪提出「為道者當先立功德」，在他
的病因觀念裡，修道養生除了預防不傷損、以免人體因正氣不足而導致患
病，尚需注意善功、善德之培養。他汲取道教經典在初期所提出的道德觀
念，又廣泛吸收儒道各家，以及民間本有的生活規範，作為奉道者、修道
者的道德條目。

人文病因觀的道德失常，此種社會道德的失衡，會威脅傳統社會各種文
化機能的正常運作，導致疾病叢生與惡化。面對這種來自道德衝突的疾病，

〔註126〕《抱朴子‧內篇‧對俗》，卷3，頁53。

我們必須從紛亂處找到源頭加以調適，才能對症下藥，此藥不是靠外服的醫療，而是重新進行自我道德的修養，以便從「失常」的情境提昇到「正常」，來化解衝突，重新建構出新的和諧情境。

二、倫理失序

疾病起因於倫理的失序，傳統社會不只是重視個人的道德，更強化集體的倫理，肯定人與人之間的名分秩序，講究長幼尊卑與親疏遠近的對應關係，建立出一個等級性排比有序的和諧社會。〔註127〕這些名分秩序、綱常與禮教的運作規範，形成了形式化與制度化的操作機制，建構社會集體遵循的權威體系，意即「大傳統」，人們必須按照此權威體系來待人接物，才能進入到社會和諧化機制之中。

當人違背了倫常的運作法則時，必然會引發衝突，造成社會的危害與個人的損失，在心理與生理承擔著過重的壓力之下，就會導致身體機能的內在緊張與焦慮，因而形成各種身心的疾病。所以在現實的人際關係之下，倫理比道德更為重要，倫理的失序所造成的衝突更大，會遭受到更多外在權威體系的壓制。倫理的失序是相當嚴重的衝突，因為涉及到複雜人際關係的轉化，不是短時間就能化解與排除的，必須長時期地加以溝通與疏通，並藉助超自然的力量，以神聖的皈依來消解暴戾之氣。由此顯示人文性的病因觀，與超自然的信仰仍然具有密切的關係。

（一）倫理功格

葛洪針對當人違背了倫常的運作法則等不同的惡因，提出了具體可以消災解厄的辦法，不論所違背倫常運作法則的惡因理由是什麼，解救之道都是要「皆一倍於所為，則可便受吉利，轉禍為福之道也」，因為陰德善行，可以致福佑，故可以成為「轉禍為福之道」，由於先人的「餘慶」和「餘殃」往往是一體兩面的，在東漢中晚期一般人更擔心祖先的「陰罪」，會對於後代的生命造成威脅，所以葛洪說「有陽譽者不能解陰罪」，故上士「密勿而僅免」，所以謹慎而能免除災難，「凡庸所以不得其欲矣。」對於學道之士必須嚴守戒律，最大的考驗是果報不明顯而常人常懷疑「天地之不能臧否」，葛洪則認為天神具有無所不知、無所不能的能力，因此提出神仙道教的功格。

〔註127〕黃麗莉：《人際和諧與衝突——本土化的理論與研究》（台北：桂冠圖書公司，1999年），頁142。

　　魏晉時期隨著道教的發展和道團的增加，道戒普遍受到道教的重視。《抱朴子・內篇・微旨》說：「然覽諸道戒，無不云欲求長生者，必欲積善立功。……如此乃爲有德，受福於天，所作必成，求仙可冀也。」〔註128〕既然有神明的稽察、審判，就對學道者的行爲有審核的標準，「想要長生者，必欲積善立功」，因此筆者將《抱朴子・內篇》中與倫理「功格」有關的資料，整理成表5－21。

表5－21：與倫理「功格」有關的資料

1. 慈心於物	2. 恕己及人	3. 仁逮昆蟲	4. 樂人之吉
5. 愍人之苦	6. 周人之急	7. 救人之窮	8. 手不傷生
9. 口不勸禍	10. 見人之得如己之得	11. 見人之失如己之失	12. 不自貴
13. 不自譽	14. 不嫉妒勝己	15. 不佞諂陰賊	

　　以上《抱朴子・內篇・微旨》所列舉的十五種功德善事之道德條目，成爲宋代〈太上感應篇〉、〈太微星君功過格〉以及眾多善書、功過格的依據，形成中國傳統社會共通的人倫規範，同時也是「小傳統」鄉民社會的行爲準則，與儒家睿智有德之士所提出的道德規範，透過經書或是子書成爲中國倫理思想中的「大傳統」是相互依存的關係，都是中國農業社會中共同遵守的行爲規範，沒有誰影響誰的問題，道士的道戒，或是百姓的善書、功過格，只是把它明確的宗教化、通俗化而已。

（二）倫理過格

　　對於倫理失序的惡德，功過格稱爲「過律」，《抱朴子・內篇・微旨》說：「凡有一事，輒是一罪，隨事輕重，司命奪其算紀，算盡則死。」〔註129〕每個人的罪過是由司命、司過之神來監督，若是有過者，則會奪算紀而減人壽命。因此筆者將《抱朴子・內篇》中與「過格」有關的資料，整理成表5－22。

表5－22：與倫理「過格」有關的資料

1. 憎善好殺	2. 口是心非	3. 背向異辭	4. 反戾直正
5. 虐害其下	6. 欺罔其上	7. 叛其所事	8. 受恩不感
9. 弄法受賂	10. 縱曲枉直	11. 廢公爲私	12. 刑加無辜
13. 破人之家	14. 收人之寶	15. 害人之身	16. 取人之位

〔註128〕《抱朴子・內篇・微旨》，卷6，頁126。
〔註129〕《抱朴子・內篇・微旨》，卷6，頁126。

17. 侵剋賢者	18. 誅戮降伏	19. 謗訕仙聖	20. 傷殘道士
21. 彈射飛鳥	22. 刳胎破卵	23. 春夏燎獵	24. 罵詈神靈
25. 教人爲惡	26. 蔽人之善	27. 危人自安	28. 佻人自功
29. 壞人佳事	30. 奪人所愛	31. 離人骨肉	32. 辱人求勝
33. 取人長錢	34. 還人短陌	35. 決放水火	36. 以術害人
37. 迫脅尪弱	38. 以惡易好	39. 強取強求	40. 擄掠致富
41. 不公不平	42. 淫佚傾邪	43. 凌孤暴寡	44. 拾遺取施
45. 欺紿誆詐	46. 好說人私	47. 持人短長	48. 牽天援地
49. 咒詛求直	50. 假借不還	51. 換貸不償	52. 求欲無已
53. 憎拒忠信	54. 不順上命	55. 不敬所師	56. 笑人作善
57. 敗人苗稼	58. 損人器物	59. 以窮人用	60. 以不清潔飲飼他人
61. 輕稱小斗	62. 狹幅短度	63. 以僞雜眞	64. 採取奸利
65. 誘人取物	66. 越井跨竈	67. 晦歌朔哭	

從以上所述我們可以知道與生活公約有關的道德條目是：1～8、19、20、24～34、37～56、59、60、65～67。與官箴有關的道德條目是：9～18 最多，官吏所遵守的戒規遠多於農、工、商，這是因爲他們爲惡的機會比別人多。與經商有關的道德條目是：61、62、63、64。與授獵有關的道德條目是：21、22、23。與農稼有關的道德條目是：57、58。與術數有關的道德條目是：35、36。序號 23 春夏燎獵，古人用春夏打獵，但是用燃火的方式捕捉野獸，這樣會破壞農作物，因此被視爲罪過。序號 60 以不清潔飲飼他人，《論衡‧雷虛》：「飲食不潔淨，天之大惡也」。序號 67 晦歌朔哭，晦是每月最後一天有終結之意，不應該引吭高歌，朔是每月第一天，有開始的意味，不應該哭泣。《顏氏家訓‧風操》引道書說：「晦歌朔哭，皆當有罪，天算之奪。」

上述 67 種與倫理「過格」有關的道德條目範圍廣遍，人們因七情六慾所犯的過錯，均已羅致其中，可以說是與庶民生活密不可分。從講究雕飾的文字風格來看，應該是引用格言或是戒條，極可能是奪算律一類的的「道戒」；因爲六朝的道經已經開始出現了一些道戒，就是詳列戒規的條舉式。學者李豐楙認爲葛洪當時所搜羅的道書，在《抱朴子‧內篇‧遐覽》所列舉的書名中，像《立功益算經》一卷、《道士奪算律》三卷，就是條目式的形式，與這

屬於同一性質的戒律，是一段非常珍貴的六朝早期功過格的資料。〔註130〕從這些珍貴的早期功過格的資料中，我們可以明瞭庶民生活中簡易化、通俗化的生活規範，因為如此才易於遵行，也反應出庶民的道德具有變通的性格及充沛的生命力。

從神仙道教的倫理功過格中，我們可以知道當人違背了倫常的運作法則時，必然會引發衝突，造成社會的危害與個人的損失，在心理與生理承擔著過重的壓力之下，就會導致身體機能的內在緊張與焦慮，因而形成各種身心的疾病。所以倫理的失序是相當嚴重的衝突，因為涉及到複雜人際關係的轉化，不是短時間就能化解與排除的，必須長時期地加以溝通與疏通，並藉助超自然的力量，以神聖的皈依來消解暴戾之氣。由此顯示人文性的病因觀，與超自然的信仰仍然具有密切的關係。葛洪常被尊稱為是宋代善書〈太上感應篇〉勸善說的啓發者，這是因為他有意建立神仙道教的宗教倫理，使其成為不病、養生、成仙的必要條件，其中通俗化的倫理條目，形成鄉民社會日常生活中待人處事的規範，具有安定社會秩序的功能，對中國社會具有不容忽視的社會功能。

三、情感失據

疾病起因於情感的失據，人的喜怒哀樂等七情六欲，有其運作的規律與秩序，情感與生理是相通的，也是人體致病的起因，人的情感若受到外界激烈的刺激，在過度的喜怒哀樂下也會傷到五臟六腑。生理的平衡是建立在情感的和諧之上，才能讓意志與情緒依循自然規律的運行秩序，以維持正常的調節機制。

（一）情志過激

《內經》認為人會生病的原因，有由七情六慾過激所造成氣血不平衡的內虛，及風寒暑溼燥火等自然環境外邪入侵，造成了身體傷害。早在《內經》時代，古人就認識到人的心理狀態（神）和身體狀態（形）有著密切的聯繫，而特別重視精神的調攝保養，《內經‧素問‧上古天眞論》云：

> 恬惔虛無，眞氣從之，精神內守，病安從來？是以志閑而少欲，心安而不懼，形勞而不倦。氣從以順，各從其欲，皆得所願。故美其

〔註130〕李豐楙：《不死的探求——抱朴子》，頁249～251。

食，任其服，樂其俗，高下不相慕，其民故曰樸。是以嗜欲不能勞
其目，淫邪不能惑其心，愚智賢不肖，不懼於物，故合於道。所以
能年皆度百歲，而動作不衰者，以其德全不危也。〔註131〕

《內經》強調養神爲養生之主，平時對於心理的要求要控制意志，減少對物
質追求及對名利的妄想與貪念，意定神閑，心理安適，不因外界事物變化而
產生大的情緒波動，引起身體的五臟失和。〔註132〕《內經》的思想認爲：人
精神意志的活動和五臟精氣的活動有著相當密切的關係，肝藏魂，心藏神，
脾藏意，肺藏魄，腎藏志。人體的精神活動能夠影響五臟的精氣運行，從而
影響五臟功能的發揮和五臟之間的平衡。《內經‧靈樞》：「志意和則精神專直，
魂魄不散，悔怒不起，五藏不受邪矣。」所以精神活動若是不能平和調暢，
而是喜怒無常，或憂思過度，都會引起臟腑精氣的紊亂，以導致臟腑機能的
失調。

（二）喜怒之失

《抱朴子‧內篇‧微旨》提到：「知極情恣欲之致枯損，而不知割懷於所
欲也。」過度的縱情恣意妄爲，會招致身體的枯損，但是一般人卻不知道要
割捨情志欲望情懷的重視性。《抱朴子‧外篇‧酒誡》也說：

抱朴子曰：目之所好，不可從也；耳之所樂，不可順也；鼻之所喜，
不可任也；口之所嗜，不可隨也；心之所欲，不可恣也。故惑目者，
必逸容鮮藻也；惑耳者，必妍音淫聲也；惑鼻者，必草臣蕙芬馥也；
惑口者，必珍羞嘉旨也；惑心者，必勢利功名也。五者畢惑，則或
承之禍爲身患者。〔註133〕

葛洪認爲人要懂得在感官上有所節制，讓精神活動能平和調暢，才不會因臟
腑精氣的紊亂，導致個體機能的失調，造成自身的患難。提醒世人，使眼睛
迷惑的，必定是超群容貌和鮮艷服飾，使耳朵迷惑的，必定是動聽淫邪的音
樂，使鼻子迷惑的，必定是春草的芬芳香氣，使嘴巴迷惑的，必定是珍貴美
味的食物，使人心志迷惑的，必定是功名勢利，而這些都會使人招來災禍，
造成自身的患難。

〔註131〕（唐）王冰次注、（宋）林億等校正：欽定《四庫全書》子部三九醫家類《黃
　　　　帝內經‧素問》，第七三三冊，頁9～10。
〔註132〕韓廷傑、韓建斌著：《道教與養生》（台北：文津出版社，1997年），頁16。
〔註133〕《抱朴子‧外篇‧酒誡》，卷24，頁568。

因此筆者將《抱朴子‧內篇》中與「喜怒」有關的情感資料，整理成表 5－23。

表 5－23：與「喜怒」有關的情感資料

序號	內　　　　　容	篇目
1	我自有身，不能使之永壯而不老，常健而不疾，喜怒不失宜，謀慮無悔吝。	塞難
2	人能淡默恬愉，不染不移，養其心以無欲，頤其神以粹素，掃滌誘慕，收之以正，除難求之思，遣害眞之累，薄喜怒之邪，滅愛惡之端，則不請福而福來，不禳禍而禍去矣。	道意
3	夫用身之如此，亦安能惜敬恭之禮，護喜怒之失哉！	酒誡

序號 1 的「常健而不疾，喜怒不失宜，謀慮無悔吝」說明想要經常保持健康的狀態不生病，就要讓自己喜怒的情緒不會失衡，各種謀略思慮不會到後來反悔。序號 2 的「人能淡默恬愉，不染不移，養其心以無欲，頤其神以粹素，掃滌誘慕，收之以正，除難求之思，遣害眞之累，薄喜怒之邪，滅愛惡之端，則不請福而福來，不禳禍而禍去矣」正是具體說明人可以如何實踐內在精神的保養，重點就是淡泊沉默，恬適愉快，就可以不被世俗的環境所污染而改變；用無欲來修養性靈，以平粹素淡的生活來頤養精神，掃除外在物質的誘惑和傾慕，收斂心念而往情感正念之處會歸，消除追求不到的想法欲求，排解損害眞性的牽累，放淡喜怒哀樂的邪情，泯滅好惡的端緒，那麼就能不請福而福自來，不禳禍而禍自去。序號 3 的「夫用身之如此，亦安能惜敬恭之禮，護喜怒之失哉」是說明酒醉的可怕，常會讓人喪失愛惜敬恭的禮節，無法防止喜怒無常所帶來的災禍。由此可知生理的平衡是建立在情感的和諧之上，所以若是人內在的情感失據，心理衝突連帶影響生理，也會造成疾病，故道教醫學特別強調內在精神情感的保養。

一旦感情失據，心理衝突會造成生理的失衡，內外交迫之下導致百病叢生。所以避免情感的過度刺激，也是養生與治病的基本手段，保持情感心理處於適當的中和狀態，以便符合身體正常運行的客觀規律。故人們在日常生活中要學習舒暢情緒與排憂解悶，避免身心郁滯而損害健康，恢復生理機能的平衡，收到卻病延年的養生之效。〔註134〕

當感情失據時，需要心理治療、引導與開通，有效地調節其情緒，以抑

─────────────────────

〔註134〕劉松來：《養生與中國文化》（江西南昌：江西高校出版社，1994 年），頁 160。

制不良心理的惡化，這涉及到文化治療，需要積極進行精神方面的解說與溝通，回到形神共養的文化情境中，《抱朴子‧內篇‧道意》說：「心受制於奢玩，情濁亂於波蕩，於是有傾越之災，有不振之禍。」〔註135〕就是在說明此道理，當人的心思受到外在奢望玩樂的牽制，精神就會因爲遭受紛擾影響而濁亂，於是就會產生傾陷滅絕的災難和無法挽救的禍端。所以道教醫療認爲除了形神兼顧之外，還要以養神爲先，經由養心調神，提高自我的精神能量，以促進身心的整體和諧。中國傳統醫學和道教醫學這種「以神爲主導」的觀點，非常重視精神（神）對肉體（形）的巨大影響，與現在社會只見物質，不見精神的片面觀念，有很大的差別。因此道教性命雙修、形神並煉的理論與操作實踐工夫，在現今社會的保健養生中，依然有著重要的地位與作用。

傳統社會所謂的「天人合一」中的「人」，不只是個人，還同時包含了集體的人群。「人」是天人關係中的主體，相應天地運行秩序的整體人類，重視人際關係的倫理本位，肯定人與人之間的交際網路，也有著宇宙規律下的道德秩序。因而人體的和諧也與群體生活的整體平衡有密切的關係，所以疾病的起因，脫離不了人際關係系統中社會和諧秩序被破壞的因素。「人」是必須依據社會制度與儀式規範的和諧化機制，才能找到個人安身立命的存在依據，避免引發衝突的危機情境。人文秩序的破壞，也是個人疾病形成的重要因素，失去了倫理規律的和諧性格，衝突中的惡與不吉，會導致疾病的嚴重與惡化，產生了更多不平衡的混亂狀態。

第五節 小 結

《抱朴子‧內篇》道教醫學的文化核心是圍繞在自成系統的「病因觀」上而展開的，葛洪建立了道教自身醫學的解釋體系，這種體系來自長期文化累積下的生存智慧，有其獨特的理論體系和豐富多樣具體實用的實踐方法，理論與方法之間是有著哲學與宗教的依據，既是人類精神性的文化創造，也是扣緊著人體生命現象而來的思維活動，由人們世代的生活與智慧的傳承，創造出對治疾病與抗衡衰老的養生工夫，這些文化病因觀，是先民留給我們寶貴的文化遺產。

從《抱朴子‧內篇》探究人爲什麼會生病，筆者將病因觀分成病因內因

〔註135〕《抱朴子‧內篇‧道意》，卷9，頁171。

——正氣不足、病因外因——邪氣侵害二部分來探討。在病因外因方面——邪氣侵害部分又分成超自然病因觀、自然病因觀及人文病因觀三部分來探討，這三部分都是屬於「外邪」，所以「邪氣」是人體發病不可或缺的因素。人為什麼會生病？「正氣不足」是其內因，「邪氣侵害」是外因，內外因素夾攻之下，就會引起疾病，所以當「正不勝邪」時，疾病就在所難免了。

　　這種病因觀是延續中國自古傳承下來的宇宙運作觀，建立在天、人、社會的思考，以及三者之間相互關係的宇宙意識，呈現出豐富而多歧的內容。〔註136〕「天地人鬼神」五位一體的核心觀念與宇宙圖式，可說是最基本的宇宙認知模式，是建立在個體、自然關係與人際關係「三層面的和諧均衡觀」上，對疾病的看法也是來自「和諧辯證觀」，企圖從疾病的衝突中，建立身體存有的和諧世界。

　　由「中心」與「環」構成了一個龐大的生成世界，包含「鬼神」的超自然力量，「天地」的自然規律，以及「人」的人文秩序，三者是交相感應、互為一體。從「天地人」到「人鬼神」，將「人」的存在安置在自然與超自然的統一之中，成為宇宙的核心。人的和諧，就是自然與超自然的整體和諧，因此人體疾病的衝突，也來自於自然與超自然的衝突，這種病因觀是將天、人、社會緊密地結合，從宇宙秩序的被破壞來說明疾病的源由。

　　葛洪認為因為人體體虛氣少，所以外邪才得以入侵，在正邪發病的機理之中，明顯是「邪」占有主導的地位。在以「邪」作為病因外因的總綱領之下，基本上可以又分為超自然病因觀的「外邪」，包括鬼魅作祟、祖先降災、時空衝犯以及因果報應，這些外邪來自人與超自然的衝突，意即「和諧宇宙觀」的自然關係系統，使得邪氣入侵，壓過人體應有的正氣，而引起殊異的各種疾病。自然病因觀的「外邪」，包括陰陽失調、五行失序、氣運混亂以及形神脫節，這些外邪來自人體自然環境的破壞與衝突，意即「和諧宇宙觀」的個體系統，人失去與宇宙相應的氣化原理，導致人體無法與外在的宇宙能量進行交換，故無法維持和諧穩定的狀態而產生疾病。人文病因觀的「外邪」，包括道德失常、倫理失序以及情感失據，這些外邪來自人與社會的衝突，意即「和諧宇宙觀」的人際關係系統產生衝突，因而形成各種疾病。道教從天人相應、天人一體的天人觀出發，將影響人體健康因素與個人機體、外界自

〔註136〕呂理政：《天、人、社會——試論中國傳統的宇宙認知模式》（台北：中央研究院民族學研究所，1990 年），頁 9。

然、社會環境緊密聯繫在一起，所以道教醫學對於疾病的治療，不單純只重視個人機體的身心治療，還會注重從病因外因的自然環境及社會環境進行「醫世」。

從超自然病因觀理論說明中，我們可以知道來自原始社會古老的宗教信仰從未消失，「鬼神」觀念始終位於傳統文化的核心位置上，人與天地的自然和諧是建立在人與鬼神的超自然和諧上，自然崇拜歷久不衰，宇宙萬物都是具有靈性，主宰著人的吉凶禍福。這種鬼神意識是傳承自原始社會古老宗教信仰下的深層精神活動，是以人作為主體來尋求鬼神世界的允諾與襄助，來安頓現實生活中的生、死、老、病等存在需要，人與超自然的交感，正是人們自身的生存基礎與生存活動本身。

自然病因觀理論強調人體與天地的對應法則，肯定人的生命可以經由「天人感應」落實在自然的運行規律中。這種病因觀結合了複雜的象數理論，更加強化人體與宇宙有機聯繫的規律追求，甚至認為宇宙與人體是全息對應的，人們可以根據這些對應的關係，來進行診斷與治療。從天人合一到天人感應，人體也被納入到宇宙的原理之中，配合陰陽五行等宇宙生成論與生命構造說，發展出獨特的人體醫學，認為人體經由經絡運行氣血，維持自身與外在自然環境的動態平衡，當此一動態平衡遭受到破壞，而人又無法立即有效調整，導致陰陽五行失調，於是引發了人體的各種疾病。

人文病因觀理論強調人文秩序的破壞，也是個人疾病形成的重要因素，因為失去了倫理規律的和諧性格，在衝突中的惡與不吉，會導致疾病的嚴重與惡化，產生了更多不平衡的混亂狀態。而「人」是群居動物，必須依據社會制度與儀式規範的和諧化機制，才能找到個人安身立命的存在依據，避免引發衝突的危機情境。傳統社會相當重視人文的整體和諧，當人際關係系統中社會和諧秩序被破壞，如何才能化解衝突呢？有賴於個人的理性自覺，同時配合社會和諧化的機制，尋找到最佳的對應位置，反映出人們趨利避害的生存本能。

故《抱朴子·內篇》的「病因觀」與科學無關，屬於一種文化的形上思維活動所建構而成精神性的價值體系，我們若是能從醫學人類學的立場來看，此體系是在其固有的文化系統下所發展出來有關健康、疾病與醫療等理論與技術，是經過長期社會化學習，在文化制約與指導下的醫療系統，是以社會中的價值規範與精神倫理，作為觀念與行為的準繩。是從自然與超自然

的現象中,來確立出人文和諧需求,意識到三者之間有著內在聯繫的交流法則,經由人精神上的道德修養來交通鬼神,從世俗境界進入到神聖的和諧境界。歸納來說《抱朴子·內篇》的「病因觀」在於和諧的秩序遭受到破壞而導致人體生病,所以對治疾病不只要靠醫療,還需要重建與超自然的和諧、自然的和諧與人文的和諧等三層面的和諧均衡觀。